倫理政治論
一個民主時代的反思

許國賢　著

A Treatise on Ethical Politics
Kuo-hsien Hsu

揚智文化事業股份有限公司
1997

自　序

　　選擇政治理論做為其生命志業的人，至少有一個共通之處，那就是對於人類政治生活的奧秘的好奇，以及在這種好奇心的驅動之下所醞釀的要求改善政治生活的理論想望。在我個人的這種好奇心與理論想望的形塑過程中，我直接或間接地從許多師長和同行先進那裡，獲得諸種不同的啓發和助益，特別是華力進教授、郭博文教授、江金太教授、洪鎌德教授、朱堅章教授、郭秋永教授、張明貴教授和何信全教授。

　　而自從我於一九九二年在中興大學公共行政學系任教以來，系方一直給予我最大的開課自由，使我的教學與研究得以相互配合。此外，歷年來修習我的「西洋政治思想史」、「政治哲學專題」、「民主與社會」、「當代各種主義」、「歐洲近代政治思潮」、「比較政府」等課程的同學，也通過他們的提問以及同我進行的討論，在許多方面促使我去進一步澄清我的論點，這些刺激的效用也反映在本書和我的其他論文裡。

　　再者，多年來和張福建、蘇文流、莊文瑞、張家銘、王遠義、劉祥光、陳思賢的切磋，始終是鼓舞我挺步直前的力量。在撰寫本書期間，還要特別感謝我的岳父母和母親，他們使素芃、許澔和我能更好地享有家庭的溫暖。謝謝素芃對我的寬容與支持，謝謝許澔陪我看棒球和逛唱片行（我在另一本關於音樂的書還會為你寫一篇家書式的序言）。

　　選擇問題或議題做爲論述的主軸，一直是我擔任教職之後有
意識地爲自己設定的行進路向。我絕不敢說我對特定問題的處理
是足夠完善的（本書亦然），但我依舊盼望我的討論至少能使特
定問題的某些隱晦不明的暗層，得到更多人士的關注，從而在建
設性的相互批評之中，提高本地知識社群對於特定問題的探討水
平。最後，感謝國家科學委員會對本研究的補助(NCS 86-2414-H-
005A-011)，同時也感謝揚智文化公司出版本書。當然，本書的所
有的不完善之處，都應當由作者本人負起全責。

一九九七年七月，臺北

倫理政治論
一個民主時代的反思

目　錄

自序 …………………………………………………………… 1

第一章　導論 ………………………………………………… 3

第二章　政治與道德 ………………………………………… 9

　　第一節　真正的政治技藝 ……………………………… 9

　　第二節　不可能論 ……………………………………… 18

　　第三節　不可欲論 ……………………………………… 22

　　第四節　蘇格拉底式預設的當代性 …………………… 37

第三章　民主的獨特之處 …………………………………… 51

　　第一節　程序民主觀 …………………………………… 54

　　第二節　理想型民主 …………………………………… 64

第四章　民主公民的可能性 ………………………………… 87

　　第一節　柏拉圖的反民主的啟示 ……………………… 88

　　第二節　民主社會裡的公民身分 ……………………… 95

　　第三節　公民的出路 …………………………………… 112

第五章　倫理的政治 ………………………………………… 131

　　第一節　群眾的躍起 …………………………………… 135

　　第二節　從權利到善 …………………………………… 143

第六章　結論 ………………………………………………… 177

外國人名漢譯表 ……………………………………………… 185

參考書目 ……………………………………………………… 189

第一章　導　論

　　生活在民主時代的人應該是值得慶幸的，這樣的時代使一般人不必全然屈從於特定的個人或一小撮人的意志，同時，也可以對正當權力的授與，起一定程度的作用。回顧近代以降的朝民主緩步邁進的歷史，以及爲民主辯護的理論的生成與轉折，我們不得不爲活在民主時代而慶幸。但是，慶幸不可被移情爲自滿，也不宜被用來遮掩民主時代的潛藏的暗流，而是應該敦促我們以更果決的態度面對民主時代的實存問題。當然，這些分別附著在不同層面的問題可謂繁複無比，因此，並非我們以一本書的篇幅所得以完善討論。在民主時代的諸問題當中，我們將選擇做爲切入點的乃是，政治社會成員的道德品質與民主過程的關係。我們之所以做此選擇的主要原因在於，此一切入點有助於我們去探照當代政治的若干核心難題，尤其是集結在個人與群體的互動關聯周遭的那些日益明顯的難題。

　　本書的討論首先將從政治該不該講求道德開始著手。必須說明的是，我們所著重的並不是所謂的 "髒手"(dirty hands)的問題，亦即並不是目的是否可以使手段合理化的馬基維利式問題（註1），而是政治該不該試圖去促進及改善政治社會成員的道德品質的問題。早在古希臘，蘇格拉底等人就曾對此一問題做出肯定的答覆，值得注意的是，他們的答覆的背後其實也隱含了特定的對於政治生活的判斷，我們稱之爲 "蘇格拉底式預設"。但隨著歷史進程的展開，對於上述問題的否定的答覆以及對蘇格拉底式預設的質疑，亦陸續出現。在我們的分析裡，其中最主要的兩種立場就是 "不可能論"(the impossibility thesis)和 "不可欲論"(the undesirability thesis)。不可能論對人性抱持著悲觀的評斷，因而認爲人性或人的道德品質根本不可能被改變，不管是用哪一種方式來試圖改變，都無法奏效。不可欲論則是當今的主流自由主義的見解，此一見解認爲政治的主要任務是合理地界定個人的活動界限，以及個人與公共權威的關係，政治不應該介入每一個人對於善和好的生活的選擇，國家對於這類選擇應保持中立。由於我們的立場是蘇格拉底式預設即使在我們這個民主的時代仍然深具啓發性，因此，在第二章裡，我們將指出不可能論和不可欲論的不完善之處，這是要來捍衛我們的立場所不得不展開的理論辯駁的工作。

再者，政治論述的舖陳不可能在一個抽空的架構裡進行，如某位論者所指出的：「無論一位歷史家選擇什麼課題做爲他的興趣的核心…它首先乃是以埋藏在可被稱爲是特定的背景系絡之中的方式，而被歷史家所認識。」（註 2 ）同樣地，政治論述也都是在特定的背景系絡或歷史情境裡來操作的。如果馬基維利不是生活在分崩離析的義大利，他就不必對傭兵之害提出諸多警告，也不太可能極力陳言宗教爲政治所用的重要性。而民主無疑地乃是我們這個時代的背景系絡的重要要素，乃是我們當前的歷史情

境的政治主軸，所以我們在第三章將集中討論民主的魅力究竟何
在。我們的用意不是要去為民主錦上添花，而是試圖平實地考察
民主究竟有何獨特之處，在此一考察的過程中，我們也將探討當
今的對於民主的不同的理解和認知（亦即"程序民主觀"和"理
想型民主"）所涉及的問題。程序民主觀所代表的是一種關於民
主的最低限度的界定，而理想型民主的倡導者顯然不以這種最低
限度的界定為滿足，而是試圖進一步深化平等和人民主權的內
涵，這兩者之間的紛歧既意味著民主陣營內部的格鬥，也牽涉到
對於政治生活的可能性的截然不同的判斷。

　　第四章則是第三章所觸及的問題的延續討論，首先，我們將
從民主的最偉大的反對者柏拉圖那裡尋求借鑑，不論柏拉圖曾經
因此而受到多少苛刻批評，我們認為輕忽了柏拉圖只會使我們蒙
受損失。柏拉圖反對民主的主要理由是因為民主違反了適材適所
的專業分工原則，姑且不論其中的不允當之處，他的反對論點若
被仔細推敲，仍然能夠使我們在思考民主之本質這一類的問題時
得到宏觀的啟發。接著我們還將探討民主社會裡的公民身分問
題，其中的首要爭論在於公民主要應該做為權利的擁有者（被動
的公民身分），還是應該被容許在更多的面向上直接去參與不同
層次的統治權與決策權的分享（主動的公民身分）。事實上，這
項爭論又是程序民主觀與理想型民主的對峙的延伸，我們所要強
調的是，愈是要對公民的角色寄予更高的、更積極的期許，就更
需要講求公民的品質（尤其是道德品質），就更顯現蘇格拉底式
預設的參考價值。

　　民主的得勢當然也意味著群眾的躍起，意味著群眾的歡慶的嘉年華會的上演。我們肯定承認民主是歷史大潮之所趨，但這並不是說我們在承認群眾的表演權的同時，就還得認同所有的演出內容，而不得加以質疑、檢討。在第五章裡，我們將對群眾的躍起的歷史意義略做省察，並分析它所牽引出來的難題。然後，我們要對權利的語言和善的語言的當代爭論進行評估。在我們看來，權利語言的鞏固是現今民主體制的礎石之一，其重要性自不容否認，但權利語言的過度膨脹亦有其致命的危險。最明顯地，道德品質不佳的權利擁有者的過激演出，恐將嚴重斲傷政治社會成員彼此之間的互信基礎，從而使權利成為相互交鋒的個人利益的攻防砲台。因此，我們將進一步提議，政治社會可考慮採行的激勵及提昇成員的道德自覺的三種途徑：透過教育、透過法律和透過制度的變革。在透過制度的變革這個項目裡，我們考量的重點在於如何以（至少在我們看來）最小的變動，來促成資本主義的質變，來調節（但不是取消）自利性的表現形態與表現渠道。我們深知，這些提議極具爭議性，但我們將通過討論及理由的提出，來為其之能夠被保留在商談的議程裡而辯護。

　　總之，本書旨在論證蘇格拉底式預設的參考價值，並在這個基礎上探問當代政治生活的某些底層問題。相對於現今的主流政治理論而言，本書無疑是一異議之聲，我們只能盼望此一異議之聲至少能說出一些還堪聽聞的道理，進而有助於思考如何使人們在政治上活得更有格調和尊嚴。

註　　釋

註 1 ：關於髒手的問題，可參考 Ted Honderich ed., *The Oxford Companion to Philosophy*, Oxford: Oxford University Press, 1995, p.202.

註 2 ： Michael Oakeshott, *Morality and Politics in Modern Europe*, New Haven: Yale University Press, 1993, p.4.

第二章　政治與道德

政治該不該講求道德？這是一個即使在今天都仍具有迫切性的問題。對某些人來說，面對著這樣的問題，似乎在深思之前就已經有了直覺反應的答案。但我們不想過分屈從於即刻的直覺，相反地，我們寧願將此一問題視為政治理論裡的一個嚴肅的基本課題，一個必須被投注以更多的深入思考的課題。它的嚴肅性既來自於它所隱含的高度的爭議性，也來自於它所牽引出來的回答對群體生活所可能造成的衝擊。

在本章裡，我們首先將從蘇格拉底出發，因為蘇格拉底是明白主張政治首在改善道德的第一人。我們將歸結出他之所以做此主張的背後假設，我們稱之為"蘇格拉底式預設"。然後，我們將分別討論兩種反對蘇格拉底式預設的最具代表性的立場，那就是"不可能論"和"不可欲論"，並檢討其論證的充足性。

第一節　真正的政治技藝

在蘇格拉底看來，政治的基本任務或目的是在進行道德改革，是在使城邦的成員能夠更良善地照顧好自己的靈魂，而不是汲汲於追逐營求財富、權力或聲名。他之鄙夷雅典當時的政治人物，他之所以在大難臨頭之際仍敢於向人民法院的陪審員進行挑激，乃是因為他認為當時的政治人物已經嚴重錯估了政治的基本任務，而他雖然無知但卻以生命在踐履這項基本任務。因此，在柏拉圖的《高吉亞斯篇》裡，蘇格拉底如此自詡：「我想我是在從事真正的政治技藝的極少數的雅典人當中的一個，不要說是唯一的一個，而在今天的人當中，只有我在做政治家的工作。」（註1）真正的政治技藝(the true political craft)所指為何？那就是進行道德改革，就是試圖改善人們的道德，從而使人們的靈魂（真實的自我）得到淨化或趨於完善化。

那麼，蘇格拉底如何能誇耀他是在從事真正的政治技藝呢？這是因為和不同階層、不同身分的人辯論各種道德知識的真義，例如何謂勇敢（《拉契斯篇》）、何謂友愛（《萊希斯篇》）、何謂虔敬（《尤賽弗洛篇》）等等，一直是蘇格拉底生前最主要的生命活動。再者，蘇格拉底以他獨有的否證法(elenchus)所展開的辯論（註2），還建築在一項假定之上，那就是倘若一個人具備了正確的道德知識，他必定就能夠表現出相應稱的道德行為，換言之，不同情境下的不合乎道德的行為，皆由於缺乏正確的道德知識所致。因此，雖然蘇格拉底和他的對談者們的辯論，並未有效地確認各項道德知識的真義，而只是消極地排除了不恰當的定義，然而蘇格拉底所確信的是，在這個過程中他已經顛覆了對談者原先的盲目的自信（不管他們在口頭上承不承認），他已經播下了道德改革的種籽，所以他是在從事真正的政治技藝。

但就如蘇格拉底的研究者所深知的，「德性即知識」(Virtue is

knowledge)這樣的立場所仰賴的道德心理學是過度簡化的。最明顯的就是所謂的意志的脆弱或道德上的脆弱(akrasia; weakness of will; moral weakness)被排除掉了（註3），也就是說，只要一個人具備了特定的正確的道德知識，那麼在相關的情境裡他就不可能基於任何原因（慎慮、自利或懦弱），而從這項知識所指陳的行為要求上退卻。當然，試圖為蘇格拉底進行辯護者可以說，那些臨陣退卻者只證實了他們並未真正具備特定的道德知識，捨此無他。不過，採取這種辯護路徑所造成的負擔是雙重的，一方面人的理性的本質將被過高地抬舉，另一方面則誇大了道德知識在促成道德行為上的必然性。在這裡我們不想糾結在蘇格拉底學的特定問題上，至少從柏拉圖的靈魂三分說開始，一項對於蘇格拉底的修正和反動的漫長歷程，就已經邁開了步伐。我們在此要特別考量的是，蘇格拉底所理解的真正的政治技藝，究竟能給予我們什麼樣的啟迪作用。

　　蘇格拉底毫不避諱地挑明了道德改革才是政治的目的，更詳細地說，他之談論道德改革是在個人這個層次上來談論的，而不是在制度這個層次上來談論的。對蘇格拉底而言，政治的目的在於使人成為道德人，只要城邦的成員都成為道德人或者都以成為道德人來自我惕勉（在這裡我們姑且不去談論公民與非公民這樣的身分區別，在古希臘人的現實生活裡的重大影響），那麼，自然就會造就一個對所有的成員都有益處的良善城邦。準此以論，蘇格拉底式政治(Socratic politics)乃是一種典型的道德式政治，在這種範式裡，政治無非只是體現個人道德的一種手段或一種歷程。從某個角度來說，在蘇格拉底式政治裡，政治被空洞化了，因為政治並不享有專屬於它本身的獨立內容；從另外一個角度來說，政治的範圍則是極為廣大的，因為和改善個人道德有關的就是政治。更進一步來說，蘇格拉底式政治也是一種講理（要求理性的說服）的政治，而不是一種講力(force)的政治。因為道德的體現是要透過理性的說服，而不是透過外在的強制，只有當一個人在和他人進行道德知識的辯論過程中，被理性地說服了，才可能有足夠的內在要求去使他落實特定的道德知識所指陳的外在行為。當被控以腐化青年和另立新神的罪名之後，蘇格拉底在陪審團面前堅定地表示：「死對我來說實在不算什麼，如果這樣講不算過分的話，對我而言最重要的是不做錯事和壞事。」（註4）而錯事和壞事就是無法理性地說服自己的良知的事，因此，蘇格拉底情願守義而死也不願背義苟活。

　　如果柏拉圖早期對話錄的描繪誠屬可信，那麼，蘇格拉底就的確是一個以生命來實踐愛智的哲學使命的奇人。而對當代的政治思考來說，他的奇特或新奇之處還在於下列方面：他認為個人道德的改善或者使人們成為有德之人(making men moral)，才是政治的首要關切，才稱得上是真正的政治技藝。我們之所以選擇蘇格拉底做為楔子，正是由於他所抱持的政治觀或對於政治的理解，和我們當今的主流意見（亦即自由主義）有著極大的不同，因此，即便我們認為蘇格拉底式政治有其窒礙難行之處，我們仍然期盼藉由他的另類思考，來尋求一些協助我們因應當前難題的佐助。接下來就讓我們針對此一奇特之處做進一步的討論。

　　首先是關於真正的政治技藝。蘇格拉底之主張政治旨在改善個人道德，當然是和我們當代的主流見解大異其趣的。但我們似乎不宜過早地評斷任何一方的全面勝利，我們也懷疑任何一方可以取得絲毫不打折扣的全面勝利。從思想史的脈絡來看，蘇格拉底的主張絕不是唯一的曠野呼聲。《理想國》裡的柏拉圖雖然以更貼切的方式分析了人的行為動機與道德心理（蘇格拉底過分重重人的理性的潛能，而柏拉圖則合理地指出，除了理性之外，精神與欲望亦是影響人的行為與生活的要素），但他所繼承的仍然是蘇格拉底的道德改革的路線。只不過柏拉圖已不像蘇格拉底那樣對一般人的理性潛能仍深具信心，相反地，在柏拉圖看來只有極少數的人中龍鳳，才可能完全服膺理性的指引，才可能由靈魂裡的較好的部分來控制較壞的部分，從而成為自己的主人(master of himself)，「由理性與正確的判斷和反思所指引的簡單而有分寸的欲望，只能在有著最好的自然稟賦和最好的教育的少數人之間見到。」（註 5 ）因此，道德改革仍然是柏拉圖美麗城邦(Kallipolis)的理想，但並不是每一個人都能自力完成道德的完善，而是只能由最出色的一小部分人（哲君們），來協助及指引其他那些由精神或欲望在靈魂裡佔據支配地位的大多數人，在他們的天分所容許的範圍內實現道德的提昇。儘管卡爾・巴柏(Karl Popper)對柏拉圖的總評價是他背叛了蘇格拉底（註 6 ），然而我們必須強調的是，至少在堅持道德改革這個目標上，柏拉圖仍然師承蘇格拉底。

　　到了亞里斯多德手中，政治旨在改善道德的主張依舊被繼承。在《政治學》第三卷裡，他這麼寫道：「任何不是徒具虛名而是無愧於城邦這個稱呼者，都必須致力於促進善這個目的，否則一個政治結合就淪落爲只是一個軍事同盟」，「很清楚地，一個城邦不只是在一個共同地點居住的結合，也不是一個只爲了避免相互的不義和便利交換而成立的結合。這些確實是城邦要能夠存在之前必須具備的條件，但這些條件的出現本身並不足以構成一個城邦。一個城邦是眾多家庭和部族在好的生活之下的結合，其目的是達成完善而自足的存在」，「因此，政治結合的存在並不是爲了社會生活〔並不是爲了要生活在一起〕，而是爲了有價值的行動本身。」（註 7 ）亞里斯多德雖以考察政治穩定的經驗條件而著稱，同時也不像柏拉圖那樣始終眷念著理想國家的思考，但他畢竟不曾忘卻國家的規範成分，也不僅僅只以利益交換和安全的法制化保障，來界定他所認爲的最高級的人類結合的形式－－那就是國家（城邦）。此外，在亞里斯多德看來，政治學是諸種實踐科學之中的冠冕，而既然一切技藝、一切實踐都指向於善，做爲冠冕的政治學的目的，當然更是指向人本身的善（註8 ）。

　　從蘇格拉底、柏拉圖到亞里斯多德，我們看到了一項在流變之中呈現一致性的徵候，那就是我們在前面提到的蘇格拉底所認定的真正的政治技藝的核心命題：政治旨在改善道德，不能做到這一點，就是失敗的政治，就是有辱其使命的政治。這樣的對於政治的意義和目的的理解，被密諾格(Kenneth Minogue)稱作政治道德主義(political moralism)（註9），此外，也被索爾克弗(Stephen Salkever)稱爲德性的政治(the politics of virtue)，以別於近代以降的另一種相對立的理解方式，亦即義務與正當性的政治(the politics of obligation and legitimacy)（註10）。索爾克弗正確地指出：「在柏拉圖和亞里斯多德的政治著作裡，正當的權威這個問題是處於"人類應如何生活？"或"什麼是人的最好的生活？"這類問題之下的。柏拉圖和亞里斯多德兩人似乎都暗示，在能夠去考量正當權威的問題之前，首先必須先去考量爲何任何人應該選擇進入一種政治關係」（註11），「從這種觀點來看，政治並不是被理解成由任何的契約或義務所構成，而是被理解成一種以追求（不管是做何種理解的）正義和自制的人類能力來取代尋求自私的人類能力的努力，並以之做爲人類行動的主要的促動要素。」（註12）要言之，蘇格拉底等人指明了政治與道德之間的不可脫離的內在聯繫，政治不能自外於道德，政治所關注的就是道德。

在古希臘時代，我們看到了德性政治觀的確立；但在羅馬時代，我們則開始見到鬆動這種政治觀的早期變奏，這主要是表現在西塞羅(Marcus Tullius Cicero)身上。平實而論，西塞羅並不全然否認政治或國家的道德目的，但他也不能完全漠視時代環境的更迭，以及由此而產生的群體生活關係的變動。在《論責任》(De Officiis)裡，他這麼寫道：「成立憲政國家和城邦自治政府的主要目的在於個人財產權能夠被確保。儘管在自然的指引下，人們共同組成了社群，然而，人們是期望確保他們的所有物，從而才尋求城邦的保護」（註 13），再者，「國家和城邦的特有的功能在於向每一個人保證，他可以自由地以及不受干擾地掌控他自己的特定的財產。」（註 14）從改善道德到保障財產，其間的轉折不可謂不大。西塞羅關於國家的非道德目的(non-moral purpose)的明確宣告（註 15），的確是對古希臘德性政治觀的一次關鍵性的鬆動，但思想的大潮並未從此就筆直地朝西塞羅所宣示的方向傾斜。西塞羅是開啓了駛離德性政治觀的肇端，但根本性的轉移則是要等到契約論成為政治論證的主導勢力之後。

　　以上是關於德性政治觀的早期形塑歷史的簡要回溯，接下來讓我們回到先前暫時擱置的討論情境。引起我們高度興趣的是，從蘇格拉底的真正的政治技藝發展出來的德性政治觀，它背後的預設究竟是什麼？也就是說，究竟是什麼樣的對於群體生活的基本假設，使得蘇格拉底等人認為，政治必須以改善道德為首要之務？我們以為這項基本假設乃是：只有當一個政治社會的成員，都能在道德上勉力求其完善，都能努力學習讓欲望通過理性的篩選，都能以成為有德之人來自許自勵，唯有如此，才可能造就一種既有益於個人、亦有利於整體的可欲的群體生活。為了討論的方便，讓我們稱此一基本假設為 "蘇格拉底式預設" (the Socratic presupposition)。

　　很明顯地，蘇格拉底式預設也隱含了一項政治判斷，那就是一個政治社會的良窳與其成員的道德品質有關。或許有人會質疑說，在柏拉圖所構想的美麗城邦裡，一個良善的政治社會的關鍵在於，由最好的人、真正的正義之人（亦即哲君們）來進行統治。如果不是由這些能夠理解包括善的形式在內的各種形式(form; eidos)的人來行統治之責，那麼，即使其統治者及成員皆具有一定之道德品質，仍難以成就最良善之國度。此一質疑，固有其理據，但若細加推敲，則未必成立。因為對柏拉圖而言，一個政治社會的一般成員果若有德，則必知節制(temperance)之理，必知服膺操持與德能確在其上者（註16）。在此種情況下，雖然最良善的國度未必可期，但至少已有仿效模擬之姿。因此，純粹就《理想國》的內在理路來說，並不必然與上述政治判斷相乖違。

歷史經驗向我們表明，每當一個社會呈現持續的紛擾動盪，則道德的衰微敗壞往往被列為肇因之一（當然並非唯一的肇因）。無可否認地，完善的制度是促成穩定和避免動盪的極其重要的因素。在今天，政體循環論恐怕很難找到太多忠實的信徒，但波利比亞斯(Polybius)在解析羅馬共和為何能夠維持穩定和強大時，所著重的正是制度的成功，亦即由於有效結合了君主政體、貴族政體和民主政體的特質，並形成不同力量彼此之間的既合作又相互牽制的關係，才使得羅馬不陷入退化狀態，不落入政體循環之中（註17）。此外，現今的民主先進國家與第三世界國家在政治穩定上的不同表現，肯定也是與衝突的制度化(institutionalization of conflict)的程度有關。在承認廣義的制度的重要性的前提底下，我們仍然必須指出，制度無論如何是出於人的創造，並且必須由人來運作及賦予它生命，因此，如果缺乏有德之人的撐持，則再好的制度的能否存續，恐亦不無疑問。準此以論，蘇格拉底式預設所具有的嚴肅意義，恐怕不可率爾輕忽。

然而，蘇格拉底式預設仍然遭受到來自不同方向的質疑與挑戰，這些反對意見或許可以被概括爲"不可能論"和"不可欲論"，讓我們逐一進行討論。

第二節　不可能論

不可能論傾向於認爲，人絕對不是不巧或不幸地掉落到凡間的折翼天使，人的自私根性或爲惡的根性如果不是大於爲善的根性，至少也是和爲善的根性等量齊觀，而且此等自私根性或爲惡的根性絕不甘於屈服爲善的根性。因此，根本就不可能去期待讓政治社會的成員都成爲有德之人，都努力去朝做爲一個有德之人的路途邁進。相反地，政治社會恰恰就是透過強制力來使先天就不可能完善的人們得以獲得保全的消極的機制。向來以邏輯嚴謹著稱的霍布斯(Thomas Hobbes)，可謂是不可能論的典型代表。我們知道，霍布斯的做爲有生之上帝(Mortall God)的國家，是從他對自然人與自然狀態的假設所推導出來的，而且更重要的是，他對自然人所抱持的理解與假設也被過渡到以及沿用在國家成立之後的文明人身上。也就是說，對霍布斯而言，自然人和文明人的本

性並無不同，而只是他們所身處的外在環境已有所不同（這當然
指的是以保障每一個人的安全為首要之務、並且接受每一個人的
自然權利之讓渡的主權者的出現），這才使得自然人與文明人的
生活關係顯現差別，這才使得我們能夠去有意義地做出一群人（a
multitude of men ；這是自然人的集體屬性）以及人民（ the
people ，此為文明人的集體屬性）這樣的分野。因此，儘管在自
然狀態裡並無對錯可言，亦無正義與不義可言（註18 ），而是必
須在國家成立之後，才能有對錯之分以及正義與不義之別，但這
並不是因為霍布斯認為國家的成立使人的本性起了根本的變化，
相反地，霍布斯絕對不能做出這樣的假想，否則，他就無法像他
實際上所做的那樣，頑強地為主權者的絕對的、不可分割的、不
能被取消的權力來進行辯護（註19 ）。

　　那麼，霍布斯又是如何看待要去共同撐起利維坦的光環的子
民呢？在他看來，凡是人都具有競爭心、猜疑心和榮譽心這三項
本性，這些本性再配合上追求自利的基本欲求，便無可避免地使
人與人之間陷入相互爭鬥的狀態。對於那些懷疑他對人的本性所
做的描繪的人，霍布斯則滿懷自信地邀請他們通過自身的經驗來
進行反省：「那麼讓他自我省問，當他出外旅行時，他會隨身攜
帶武器，並且設法結伴而行；欲入睡時，他會先把門鎖好；即使
人就在家裡，他也會將櫃子上鎖。他做這些事時，他明明知道有
法律和武裝的警吏來懲辦可能降臨在他身上的一切傷害行為。試
問當他騎行外出，卻還攜帶武器，他是如何看待他的國人呢？試

問將門鎖上時，他是如何看待他的同胞呢？試問將櫃子鎖起來時，他又是如何看待自己的子女和僕役呢？難道他不是以行動來指控人類，就如同我〔指霍布斯自己〕用我的文字所做的是一樣的嗎？但我們這麼做並不是指控人的本性。人類的欲望和其他的激情，本身並不是罪。」（註20）對霍布斯來說，人本來就不完美，而且也不可能完美，但這並不會對做為理論家的霍布斯構成困擾，他樂於在這個基礎上進行演繹，同時他也自豪地確信，他已經到達了演繹的終點，那就是他的利維坦。

　　我們從不懷疑霍布斯政治理論的原創性，也不質疑他翻轉舊有的概念工具（例如社會契約、自然法、自然權利），從而顛覆舊有的思維的卓越能耐；尤其他堅定地以個人做為演繹的出發點的強硬立場，對爾後的政治思想的轉向更有蓽路藍縷之功。然而，霍布斯不能例外地總是要面對來自各種不同方面的抨擊，其中最嚴峻的一種或許來自於沙勒爾(Tom Sorell)。沙勒爾認為，霍布斯所構想的國家裡的公民，他們的公民身分在實際上是極其空洞而貧乏的，他們的要務只是希望能夠存活，而絲毫不能有意義地參與國家事務。也就是說，霍布斯的國家一點也不試圖去使其公民在品質上或道德上有所改善。霍布斯所設想的人，其實根本就是徹徹底底的狼(arrant wolf)，而他所構想的國家只是要來節制、約束這些徹徹底底的狼的狼性(wolfishness)罷了。沙勒爾甚至嘲諷說，那麼何不就讓這些狼的天生的狼性來自我毀滅算了！（註21）

　　沙勒爾的批評或許過於苛刻（註22），但他的質問無疑地是

擊中了不可能論的要害，那就是如果政治不必去謀求使人在品質
上或道德上有所改善，而且人的某些本性既不完善，同時又完全
不是政治所能加以改良的，那麼，政治就成了僅僅只是在守護"狼
群"，使其不致相互殘殺殆盡的一種極其消極的防衛機制。因此，
對照地說，不可能論傾向於將政治予以扁平化、消極化，而德性
政治觀則試圖將政治予以莊嚴化、積極化，並寄望政治在道德成
長的課題上能夠起立體化的作用，從而使政治社會的成員不再停
滯在"狼群"的水平。當然，我們絕不否定人們去抱持不可能論
的消極政治觀的權利，但是，這裡的危夷之處在於，如果假定了
人們只能以類似"狼群"的方式存在，則政治理論或關於政治的
思考，恐怕只能以最有效的管制監控方式的尋求做爲目標（事實
上，霍布斯政治理論的結論正充分顯示了這一點）。在這種景況
之下，政治理論將無非只是一種監控技術的探討，而政治理論家
也成了"狼群"當中的最能洞察狼性的一匹聰明的狼，這就是不
可能論所隱含的政治理論的政治(the politics of political theory)。因
此，不論是從政治理論的屬性，抑或是從政治理論的舖陳者與政
治社會的成員之間的關係來說，不可能論恐怕都很難令人滿意。
更進一步來說，既然所有的人都是狼，則掌握政治權力的人自不
例外，是故，制衡或牽制政治權力的機制就顯得更爲必要，否則
掌握政治權力的狼就足以吞嚙所有其他的狼。這無疑是不可能論
對政治理論的重大啓發，只不過霍布斯本身並未清楚地看出這一
點，必須到了洛克、孟德斯鳩、麥迪遜(James Madison)等人手中，

這條線索才逐漸明確（註 23 ）。

第三節　不可欲論

　　對蘇格拉底式預設的另一種質疑，則來自不可欲論。基本上來說，不可欲論主張，國家在何謂善或何謂好的生活的問題上應保持中立，國家不應該去倡導或打壓特定的善的觀念(conception of the good)，相反地，只要國家踰越了中立的分際，並試圖去進行積極的鼓吹或消極的禁制，就會對特定的公民造成災難。國家所應著重的，只能是去提供及維持一個中立的、公道的政治社會架構，俾使每一個人都能在此一範圍內，追求他自己所理解及認定的好的生活。在當代，不可欲論所凸顯的問題系絡，主要表現在中立性(neutrality)以及對優先於善(the priority of the right over the good)等論題之上（註 24 ）。不可欲論所最著重的是個人自由與自主性的確保，為了捍衛和促就此一理想，就必須將"對"提拔到最高位階，就必須突出去建構一個符合特定的正義原則的基本社會結構的重要性，並將之規定為政治的核心課題。同時，也必須將"善"的問題排除在政治的範圍之外，或者，至多只能容許較無爭議的低標準的道德議題繼續停留在政治的範圍之內（這是我們必須加以辨別的不可欲論的不同類型），後者的代表例如拉摩爾(Charles Larmore)的最低限度的道德觀(a minimal moral conception)（註 25 ），以及羅爾斯(John Rawls)的薄的善的理論(thin theory of the good) (註26) 。

　　相較於不可能論，不可欲論的確更多地表現了對於個體性的尊重。不可欲論深刻認識到，不同的善的觀念、不同的對於何謂好的生活的理解，恆常處於相互衝突對立的狀態，並且很難獲得最終的調解。某甲可能認爲職業運動比賽才是運動的最高表現形式，某乙可能主張任何藉著運動技巧來獲取報酬的行爲，都扭曲了運動的本質。某丙可能認爲透過影像或圖片來展示裸露的身體，乃是不道德的、變態的；某丁可能主張身體的美的形象的留存，乃是審美衝動的具體化。某戊可能認爲未曾有養兒育女經驗的人生，是有缺陷的、不完善的；某己可能主張養兒育女只是在償還過往的性慾的代價，故而和完善的人生毫無關連。在這樣的背景下，對不可欲論來說，最恰當的解決方案就是在涉及人生的價值抉擇的問題上，儘可能地去減縮政治得以去介入的範圍，並且去釐清公共領域與私人領域的分界，使政治的運轉空間被嚴格侷限在公共領域之內，而每一個人在私人領域裡的價值抉擇與各自的人生計畫的展開及追尋，皆應由個人自行作主。羅爾斯曾這麼寫道：「因此，在一個秩序完善的社會裡，不同的人的人生計畫皆有所不同，其意思是這些計畫都突顯了不同的目標，而人們可自由去決定他們各自的善，他人的觀點則僅被視爲是建議性的。而善的觀念的這種多樣性本身就是一件好事，也就是說，讓一個秩序完善的社會的成員們去期盼其（人生）計畫有所不同，乃是合理的。之所以如此的理由是很明顯的。人類具有各種不同的天賦和才能，而全部的這些天賦和才能，並無法由一個人或由一群人來加以實現。是故，我們不僅從我們已然形成的性向的互補性質中獲益，我們也在彼此的活動中得到樂趣。這就好像別人是在產出我們還未能去培育的我們自身當中的一部分。我們必須致力於其他的事物，致力於我們所能夠做的事物當中的一小部分。」（註27）的確，承認多樣的人生計畫與善的觀念的不可避免，並樂觀地看待繁複而豐富的生命場景的相互交織，乃是不可欲論所特有的平實而又合乎情理的社會構圖。

　　就近代西方的歷史發展背景來看，不可欲論既是對宗教戰爭的殘酷現實的反動，同時也是對馬基維利式的國家理性(ragione di stato; raison d'état)所隱含的目的可以使手段合理化這樣的觀點的反動（註28）。一個以鮮血換來的認識是，如果不同的關於如何扮演好上帝的子民的角色的理解，就必須以武力來做為最終的仲裁，而絲毫不知寬容之可貴，那麼，社會紛爭必是無窮無盡，和平安寧就將永不可期。因此，洛克(John Locke)苦心孤詣地寫道：「凡是法律允許人們在日常生活中自由去做的事，也請允許每一個教會在神聖禮拜時亦享有此種自由。不要讓任何人因為這些原因，而蒙受生命、人身、房宅與財產上的任何形式的損害。」（註29）洛克進一步歸結道：「基督教世界之所以會發生以宗教為藉口的一切紛擾及戰爭，並不是由於存在著各種各樣的不同意見（這是無可避免的），而是因為拒絕寬容那些抱持不同意見的人（而這是能夠做到的）。」（註30）隨著歐洲的歷史轉輪的不斷往前推進，人們的宗教激情也逐漸淡卻，但在宗教激情時代所獲得的教訓，也被借鑑到別的涉及人生價值的取捨的面向之上，從而沈澱為自由主義的核心要素之一。

　　至於起源於文藝復興時代的義大利的國家理性觀念，原先是針對著當時義大利在政治上的積弱不振和分崩離析而被闡發的。做為眾多的獻策書(advice-book)作者當中的一個的馬基維利(Niccolò Machiavelli)，因為不滿於其他的獻策書作者的嚴重錯估了君王的真正目標（在馬基維利看來，這乃是獲得政治上的成功，進而在穩固自己的權力的基礎上，去謀求國家的強大），遂倡導一種有別於傳統道德觀的新的人君之德，一種使君主能夠去主動掌握機運(fortuna)，而非被動地任由機運擺佈的德性(virtù)（註31）。而既然為了使國家強大，君王就可以而且也必須背離傳統道德（註32），政治與道德之間遂被定出分界，國家理性觀念遂被確立，那就是「國家的保全…可以用任何手段來達成，不管是正義的或不義的手段。」（註33）國家理性這樣的提法，或許有助於更迅速及更果決地捍衛國家的利益，再者，即使在現今的國際政治裡，國家理性也仍然是每一個國家的首要的運動定律。但問題始終在於，如果目的就可以使手段合理化，如果任何的手段都可以被允許（我們不要忘了馬基維利曾經建議，征服者對被征服的土地上的前朝家族，必須徹底斬草除根，以免徒留後患）（註34），那麼，將不復存在著不受國家干預介入的場域，因為只要是必要的手段之所需，國家就可以在任何範圍內長驅直入，而毫無顧忌之必要。這種行動邏輯的蠻橫性與危險性，也促成了不可欲論的誕生。

如前所述，當代的不可欲論主要集中表現在中立性和對優先於善這兩個論題之上。而這兩個論題在現今也成為某些自由主義者（請注意，是某些而不是所有的自由主義者），在概括自由主義的特質時，所常被標舉的理念。我們接下來的工作，就是針對這兩個論題進行剖析。我們認為，在質疑蘇格拉底式預設的兩大陣營中，不可欲論所具有的力道，要明顯大於不可能論。因此，倘若要來聲辯蘇格拉底式預設在當代的參考價值，肯定就必須在一定的程度上回應來自於不可欲論的挑戰。讓我們先討論中立性，然後再探討對優先於善的相關問題。

中立性論題的重要舖陳者艾克曼(Bruce Ackerman)，是在試圖標明自由主義的特徵的背景下，而提出中立性這個概念。在艾克曼看來，在一個資源有限的世界裡，有關權力或特定資源之享有的爭論，必定層出不窮。而面對這種情境的最恰當的、最合乎理性的方式，就是涉及爭論的各方都去提出理由或論證，來為其之享有特定的權力或資源進行合理化，並通過相互的對話，來試圖解決爭論，再者，「如果自由主義有任何獨特之處，那必定在於自由主義者在為他們對於稀有資源的宣稱進行正當化時，所仰賴的理由的種類。」（註35）不過，理由或論證的提出以及對話的展開，不能毫無限制，而是必須被限制在某個範圍之內來進行，最重要的是，不能以違反中立性的方式來提出理由或論證，這正是艾克曼所認為的自由主義的精義之所在。艾克曼給予中立性的界定是：「沒有任何的理由會是一項好理由，如果這項理由要求權力擁有者去主張：(a)他的善的觀念比任何他的同胞所主張的善的觀念都要更好。或者，(b)拋開他的善的觀念不論，他在本質上優於他的某個或更多個同胞。」（註36）而他也坦白承認：「中立性並不是一種超越價值的方式，它就是一種價值，中立性只能通過確定它和其他價值的關係，才能夠被辯護。」（註37）

中立性的另一位積極倡導者多爾金(Ronald Dworkin)，則從不同的路徑得出和艾克曼相類似的歸結。多爾金指出，任何具有高度凝聚力的政治綱領（例如各種政治意識型態），都可被區分出兩種位階不同的內部成分：基本的政治主張(constitutive political positions)和衍生的主張(derivative positions)。前者係使特定的政治綱領得以被明確辨識的基核，它的價值就在它本身；後者則以做為在不同的客觀條件下，來更好地實現前者的手段或策略，而顯現其價值（註38）。因此，在辨別自由主義的基本特徵時，所應著重的是它的基本的政治主張，因為自由主義的特定的衍生的主張（例如倡導市場經濟），可能雷同於別的政治綱領（在這個例子裡則是保守主義）。多爾金認為，自由主義的基本的政治主張（他有時候也稱為基本的政治道德），乃是一種特定的平等觀，一種特定的理解政府應如何去平等對待其公民的方式，那就是「政治在可被稱為是好的生活的問題上，必須保持中立。」（註39）對多爾金而言，唯有通過這項基本的政治主張，才能明確地解讀自由主義的各項衍生的主張的真正用意，以及即使自由主義的某些衍生的主張在外觀上和別的政治綱領或有雷同之處，但其背後的支持的理由實際上存在著什麼樣的不可化約的差異。

　　坦白地說，究竟中立性是否就是自由主義的最核心的要素，並不是本文所最關注的課題。但我們絕對承認，自由主義者圍繞著中立性論題所展開的激烈交鋒（註40），肯定是具有莊嚴意義的。至少這也反映了當代自由主義者試圖去探問自由主義的真正面貌究竟為何，自由主義是否仍然是一種蘊含著活力的政治理論，以及自由主義應該以何種姿態面對不斷轉化的當代世界等嚴肅課題的積極努力。姑且不論中立性這個論點能否被穩當地安置在自由主義者洛克和約翰‧彌爾(John Stuart Mill)的理論體系的最高位階，姑且不論國家的中立性是不是為了要更好地服務於個人自由的確保，故而也只是一種（用多爾金的話來說）“衍生的主張”，姑且不論中立性是不是自由主義傳統的較為晚出的、同時未必是其早期發展歷史中的被有意識地察覺的成分，誠如維根斯坦(Ludwig Wittgenstein)所說的：「即使只是勇敢而清楚地表達了一種錯誤的思想，就已經獲益良多」（註41），因此，一種敢於不斷誠實面對自己的政治理論或政治意識型態，它的收益將明顯大於它的暫時性迷惘所代表的損失，而這正是自由主義的當前處境，一種在困惑之中等待更明確的清晰性的處境。

　　關於中立性，本文主要關注的是它究竟能夠被實現到什麼程度，以及對於中立性的過度堅持，在最終會造成何種局面。由現代國家的實際經驗來看，從小學教育開始，國家就不斷灌輸明顯涉及不同層次的善的觀念和有關好的生活的理解的各種教育內容，例如：早睡早起身體好、拒絕吸食毒品、嚼食檳榔容易導致口腔癌、運動有益健康、在公車裡應讓座給老幼婦孺、愛護及保育我們的森林、遠親不如近鄰、檢舉犯罪就是保障善良、誠實是一種美德、養成儲蓄的好習慣、由儉入奢易，由奢入儉難、預防勝於治療、忠勇爲愛國之本…等等。此外，許多的公共政策與法律也涉及了積極地鼓勵或消極地貶抑特定的善的觀念或對於何謂好的生活的理解，例如由政府來補助特定的藝術活動或傳統民俗技藝（國家級藝師或技師的認證及優遇）、優良電影輔導金、各種勳章與獎章的頒授以及好人好事和各種楷模的表揚（這都明顯反映了對於特定的行爲以及其背後的價值的公開肯定）。又例如在香菸盒上印製警語（「行政院衛生署警告：吸菸能導致肺癌、心臟血管疾病及肺氣腫」）、禁止特定的商品在特定的媒體或特定的時段進行宣傳廣告、禁止販售菸酒給未成年人、對特定營業場所實施較嚴格的入場限制、禁止人民做特定的主張（我國國家安全法第二條：「人民集會、結社，不得主張共產主義，或主張分裂國土。」）、強制駕駛人繫安全帶或戴安全帽、電影的分級制度、成人節目的鎖碼規定等等。無疑地，不同的國家（包括典型的自由主義國家在內）在做法上和規範的範圍上，是存在著一些差異，但此類事例的普遍存在，則爲不爭的事實。

　　我們之所以不厭其煩地列舉上述事例（註42），是爲了要指出，儘管國家的中立性確實具有相當程度的啓發性和吸引力，但在實際上，現代國家很難在各種善的觀念與關於何謂好的生活的問題上，維持一個徹底中立的形象。不過，中立性論題的頑強辯護者可能會稍稍後退一步，以試圖挽救中立性。例如只在社會成員皆有共識的基礎上，亦即只在社會成員都共同接受的善的觀念或關於好的生活的理解這個基礎之上，才進一步去講求國家的中立性，也就是去防衛一種較爲寬鬆的中立性。但這樣做的時候，不正是承認了政治社會無法完全排除善的觀念嗎！此外，即使是在這種情況底下，不同的善的觀念彼此之間的較勁（這很明顯的是政治所必然隱含的），仍會繼續衝擊國家，仍不斷要求國家或公共權威來做出調解或仲裁，舉凡藝術表現的尺度、該不該實施公共醫療制度、該不該興建核能電廠、國定假日的施行方式、在職女性的產假期限、教師對學生的管教權的範圍、是否應該修改民法來承認同性戀者的結婚權、是否應該剝奪有特定前科者的被選舉權等等，皆是顯例。而每當國家在任何的上述議題採取了某種立場，不正是在認可或壓制特定的善的觀念和對於何謂好的生活的理解嗎！

　　或者，中立性論題的頑強辯護者可能採行的另一種退讓方式，就是去對公共領域和私人領域做出區分，從而將國家的中立性侷限在私人領或，亦即在與公共事務無關的個人人生計畫的抉擇，國家必須嚴守中立之分際，例如不得直接或間接鼓吹聽古典音樂勝於聽流行音樂、欣賞油畫勝於欣賞漫畫、透過網際網路來

進行學術討論勝於進行交友聊天等等。採取這種退讓方式的確更
具啟發性，但根本的問題則在於公共領域與私人領域之界限的難
以被徹底釐清，這就如同約翰·彌爾的涉己行為和涉他行為所面
臨的難題一般，有些行為在本質上就具有穿透性和轉移性，而難
以被完全限定在特定的領域之內。一位懷孕婦女對其未來的切身
生活關係的抉擇（要不要在她的生活世界裡再增加一個人），應
該只是一種純粹私密的事務呢？還是必然碰觸到公共領域？一位
拒絕讓他的學齡子女進入國家所認可的教育體制就學的父親，在
何種情況下才算是漠視了其子女的教育權？再者，某些表面上看
來純屬公共領域的互動行為，又常帶有影響私人領域的價值判斷
的作用。試問當國營的博物館或美術館編列預算邀請莫內(Claude
Monet, 1840-1926)的畫作而不是蝙蝠俠的漫畫原稿來展示，這不是
在鼓勵特定的藝術品味嗎？試問當國營的音樂廳准許演奏布魯克
納或馬勒的音樂團體的租用，而不同意流行音樂歌手的租借申
請，這難道都沒有弦外之音嗎？

　　在我們看來，中立性的主張（即使是已經做了退讓的中立性
的主張），乃是一種值得尊敬但卻缺乏堅固的立足點的理想。中
立性或許只能做為一種傾向式的指引，而很難被塑造成一種明確
的判準。更嚴重地，中立性論題太刻意去迴避政治結合不可能完
全迴避的善的問題，儘管我們承認中立性論題的鋪陳者的動機肯
定是良善的，但良善的動機仍然可能陷入不切實際的矯情之中。
更直截了當地說，國家對於其國內的經濟活動的規制，能完全擺

脫試圖維護特定的經濟體制（不管那是資本主義或社會主義）的嫌疑嗎？能完全守住中立性而不介入到不同的人對於不同的經濟生活樣式所涉及的何謂好的生活的理解嗎？索爾克弗曾謂：「實踐哲學的目標並不是要去"解決"爭論，而是要通過將公共討論推導到一種對於特定的生活方式與德性觀念的可欲性的更適當的考量方向上，來鼓勵及訓練爭論。」（註43）如果善的問題是無法避免的，如果政治社會裡的公權力的行使都不得不和某些善的觀念相關聯，那麼，索爾克弗的建議就不失為一種在中立性論題之外的值得思考的意見。

最後，我們有興趣略加探問的是，對於國家的中立性的嚴格堅持在最終會造成何種局面？那或許將會是一種任由民間的各種善的觀念去進行角逐的徹底的自由放任的局面，因為國家被要求嚴守中立，國家不得去碰觸任何的善的觀念，國家只能做為自由放任的競爭秩序的守護者。在某個程度上來說，這種局面將比諾吉克(Robert Nozick)所構想的烏托邦還更為烏托邦，因為至少諾吉克的最小限度的國家還要去捍衛每一個人對其自然資產(natural assets)的所有權（註44），而這當然就是在守護某種善的觀念，就是在表達某種對於好的生活的理解。而我們高度懷疑這種徹底的自由放任的局面，會是艾克曼和多爾金等中立性議題的倡導者所欲看到的局面。歸結地說，即使中立性論題確實暴露了嚴重的內在困難，這並不必然損及自由主義的威信，但是，卻會使不可欲論受到明顯的創傷。

　　至於做為不可欲論的另一個重要支柱的"對優先於善"這個
論題，最具代表性的推展者當然就是羅爾斯。我們在這裡只想從
羅爾斯的整體理論形貌所隱含的意義來加以討論，而不想在羅爾
斯的理論內部過多地進行迂迴探進，主要的理由是我們的意圖只
是單純地要來指出對優先於善這個論題在本質上的自我矛盾。再
者，當我們這麼做的時候，我們絕未否認羅爾斯的個別的理論細
節所傳達的豐富的啟發性。羅爾斯在《正義論》一書中，以正義
寓於公平(justice as fairness)來表徵他試圖去捍衛的正義原則以及
其間的優先法則，亦即平等的自由權原則優先於公平的機會平等
原則，而公平的機會原則又優先於差異原則（註45）。在羅爾斯
看來，「我們可以這麼說，在正義寓於公平裡，對的概念係優先
於善的概念。一個正義的社會體系界定了個人們必須在其間發展
其目標的範圍，同時也提供了一個權利、機會和滿足的手段的架
構，在這個架構裡以及通過對這個架構所供給的東西的使用，個
人們得以公正地追求其目標。正義的優先性可被部分地由這樣的
立場來解釋，那就是必須通過違反正義來實現的利益，是沒有價
值的」（註46），「在正義寓於公平裡，對優先於善成為此一觀
念的核心特性。它對做為一個整體的基本結構的設計加諸了特定
的判準；這些安排不得傾向於去引發違背兩項正義原則的習性和
態度…，同時也必須確保正義的制度的穩定。」（註47）而為什
麼對必須優先於善呢？羅爾斯認為不同的人的善的觀念以及奠基
於其上的人生計畫，可謂千差萬別而且也不可能得到最終的調

解,在這種情形下,如果某人的善的觀念被強加諸在他人身上,或被表現在一個政治社會的憲政要素(constitutional essentials)和涉及基本正義(basic justice)的相關問題上,則不僅漠視了他人做為一個人的價值與自由抉擇權,也忽視了合理多元主義的事實(亦即諸多的無法被調解的善的觀念的並存的事實)(註48),從而嚴重妨礙政治穩定。因此,重點應該在於確立用來規範社會基本結構的正義原則,從而建構一個"對的"體制(請注意:羅爾斯還認為在一個秩序良善的社會裡,每一個公民都會共同承認相同的對的原則)(註49),俾使每一個人都能受到保障地在其中追求各自所認為的好的生活。

　　儘管晚近的羅爾斯傾全力要去擺脫"全面性學說"(comprehensive doctrine)的形象,傾全力要去從某些他意識到難以承受的論證包袱中得到解套,但似乎他晚近的理論發展(我們指的是他的《政治自由主義》),與其說是在更果決地面對現實的政治世界,還不如說是為了要縫合他的成名作《正義論》所暴露的理論縫隙,而變得更為向內化、更為封閉化(註50)。最明顯的就是他將他所要探討的"秩序良善的民主社會",規定為一個封閉的社會體系,並且還是一個將許多肯定會引起嚴重爭論的實質問題排除在政治議程之外的封閉的體系(註51)。而他的這種向內化、封閉化傾向的另一個表現面就是,他分明是和柏拉圖、洛克、盧梭、約翰·彌爾等人一樣,都試圖要去提出各自所認為的最恰當的建構政治社會的基本原則,但羅爾斯欲還要頑強地否認他的構築所隱含的價值主張，卻還要辯稱"對優先於善"裡的對和善在性質上是完全不同的，卻還要去否認他的以其正義原則做爲表現形式的對的概念所具有的實質的道德內容（他晚近則修正爲他的對的概念不需要仰賴全面性的善的概念，詳見下文）。雖然晚近的羅爾斯不斷縮小他的理論的適用範圍，但從上述角度來說，羅爾斯比柏拉圖等人還更不謙遜，還更不敢坦白承認政治理論家做爲特定的價值的宣揚者的身分。

　　我們的見解是，羅爾斯的對的概念或正義原則絕不可能僅僅只是一種程序原則，這就如同柏拉圖的正義觀也絕不可能僅僅只是一種程序原則。柏拉圖的個人的正義指涉的是理性、精神和欲望的各守其分、各司其職，柏拉圖的國家裡的正義則指涉著三種人（哲君、輔佐者、生產者）的各守其分、各司其職。然而，這樣的程序規定難道就不預設了某些與善的觀念有關的實質內容嗎？同樣地，羅爾斯所主張的用來規範社會基本結構的正義原則，羅爾斯所倡導的在對的概念指引之下的對的體制的建立，難道就不預設了某些肯定與善的觀念有關的道德理想嗎？在這種情形下，去談對的優先性，去堅持對優先於善，能不陷入矛盾嗎？因此，泰勒(Charles Taylor)的下列批評可謂是一針見血，泰勒這麼寫道：「一個人越是去檢視這些義務式行動理論的動機，即尼采所稱的"系譜學"，它們就越顯得怪異。它們似乎是被最強烈的道德理想例如自由、利他主義和普遍主義等等所促動。這些都是現代文化的核心的道德渴盼當中的成分，都是它所獨具的高階的善(hypergoods)。然而，這些理想卻促使這些理論家去否認所有這類的善。這些理論家深陷在一種怪異的獨斷的矛盾之中，那些恰恰是促動他們的善，卻使得他們對所有這類的善去加以否認或試圖改變其性質。他們在〔理論的〕建構上未能去全盤供認他們自己的思考的深層源頭，他們的思想是無可逃避地受到阻礙的。」（註 52 ）所以，除非是給予善以一種全新的定義，否則，「善始終是先行於對」（註 53 ），善始終是用來界定對的內在原則的不可或缺的要素。

　　而晚近的羅爾斯的確是在這方面做出了讓步，例如他開始宣稱「既然對和善是互補的：沒有任何的正義觀能夠完全只仰賴其中任何一項，而是必須以一種特定的方式來結合這兩種。」（註 54 ）但他依然不願意放棄對的優先性，他這麼寫道：「對的優先性意味著（在其一般的意義之下）所被使用的善的理念必須是政治理念，因此我們不需要仰賴全面性的善的觀念，而只需仰賴經過裁剪之後能夠被容納於政治觀念範圍之內的〔善的〕理念。」（註 55 ）這裡的政治觀念指的是政治的正義觀(political conceptioin of justice)，亦即只以一個民主社會的基本結構做為適用對象的道德觀（註 56 ），這乃是羅爾斯試圖和全面性學說撇清關係的諸多動作中的一環。不過，我們認為羅爾斯的這些修正仍然不足以回應泰勒的上述批評，仍然沒有正面面對一個事實，那就是難道不是某些更高階的善或第一階的善，在引導著羅爾斯去鋪陳他所謂的"對"嗎？既然是某些善在引導、在形塑對的格式，那怎麼能說對優先於善呢（不管是用何種更精密機巧的方式來說）！事實上，倘若一位政治理論家能更坦誠地承認那些指引著他的理論建構的善的主張，這只會減低政治理論的虛幻的**獨斷**性，因為每一位政治理論家都只是在竭盡所能地為他的善的主張進行論證和辯護，每一位政治理論家都只是一位說服者，一位敢於為他的直觀進行不懈的理論冒險的說服者，但試圖去說服並不等同於絕對真理的宣揚，而且說服的成效在最終仍然取決於活在真實的歷史情境之中的公眾的抉擇。

通過以上的對於中立性和對優先於善的討論，我們似乎可以說，不可欲論是在值得尊敬的動機底下，所展開的一種試圖來節制政治的運作範圍的理論路向。雖然它依然面臨了特定的困難，但我們也必須承認，不可欲論是對專制體制的可怖性的最佳警告，亦是對寬容的必要性的最佳提醒。

第四節　蘇格拉底式預設的當代性

在前兩節裡，我們分別檢視了兩種質疑蘇格拉底式預設的主要主張：不可能論和不可欲論。我們的目的並不在於徹底駁倒這兩種主張，而是在於暴露這兩種主張的內在侷限與難題，如果我們確實曾經做到後面這一點，那麼，至少也間接闡明了蘇格拉底式預設是值得被討論及參考的。

我們所謂的蘇格拉底式預設指的是：只有當一個政治社會的

成員，都能在道德上勉力求其完善，都能努力學習讓欲望通過理性的篩選，都能以成為有德之人來自許自勵，唯有如此，才可能造就一種既有益於個人、亦有利於整體的可欲的群體生活。關於蘇格拉底式預設，我們還必須做幾方面的釐清與說明。第一，當我們使用"蘇格拉底式預設"這個詞時，我們並不能完全肯定地說這是蘇格拉底本人有意識地要來開展的論點。由於蘇格拉底述而不作的事實，我們只能仰賴柏拉圖和克舍那風(Xenophon)等人的記載和引伸來理解蘇格拉底，因此，蘇格拉底式預試乃是奠基在柏拉圖對於蘇格拉底的詮釋之上的一種關於政治與道德之間的關係的理論抽繹（註 57 ）。就本文的用意來說，此項理論抽繹並不是要來做為蘇格拉底詮釋當中的競爭的選項之一，而是要做為協助我們在當前的背景下思考政治與道德的關係的參考架構。換言之，我們是在政治哲學的意義底下，而不是在政治思想史的意義底下，來使用蘇格拉底式預設這項理論抽繹。

　　第二，就我們對蘇格拉底式預設的界定而言，我們並沒有過當地要求政治社會的所有成員都必須成聖成賢，我們只是說唯有當政治社會的成員，都能在道德上努力求其完善，才更有助於維繫更具啟發性的、更穩定的群體生活。當然，我們並不是要去夢想某種抗拒變遷的、停滯在美好的喜樂狀態之中的烏托邦，但我們的確傾向於強調政治社會的成員的道德品質的重要性。那也就是說，我們不認為僅僅只專注在良善制度之設計的政治理論會是足夠的；人可以建構良善的制度，但也可能摧毀已經被建構的良善制度，或者阻撓新的良善制度的出現。這就充分顯現了人的品質的關鍵性，因此，我們就想謹慎小心地探索可以被容許的讓政治來講求道德的分際，但我們也絲毫不敢忘懷不可欲論對於這其中所隱含的危險的警告與提醒。第三，然而，我們並不因此就認爲制度是無足輕重的，事實上，自柏拉圖的《法律篇》以降，制度的重要性就一直爲歷來的政治理論所明確肯定。進一步言之，倘若政治應該去講求道德，那麼，其中的一種講求方式就是“德性制度”的講求方式，亦即以某些道德要求或倫理理想，來做爲規劃或肇建社會基本結構的準則。再者，恰當的制度亦能夠協助造就有利於孕育出口質更好的公民的客觀條件；反過來說，不恰當的制度則更容易降低公民的品質，從而使群體生活的遠景更形坎坷。關於德性制度的相關問題，本書的後續部分會另行討論，在這裡僅先行表述我們絕不輕忽制度的重要性這樣的立場。

　　總結地說，蘇格拉底式預設表徵著對於政治與道德的分立的挑戰，這項挑戰絕不是要去追求一種唯一的、不得違反的生活樣式或價值，如柏林(Isaiah Berlin)所正確指出的「爲了一致性而去鎮壓多樣性，甚至去鎮壓衝突…就是在鎮壓生命本身」（註58），這當然不是這項挑戰所樂於見到的局面。相反地，這項挑戰的主要立意是要從強調個人的自我完善化的潛能出發，去探索更高質量的群體生活的可能性，從而使生活在其中的個人得以更形提高其生命的品質。杜威(John Dewey)曾謂：「生產的最終極的問題乃是人類的生產(the production of human beings)。就這項目標而言，財貨的生產只是中介性的和輔助性的。」（註 59 ）顯而易見，人類的生產所著重的不是數量，而是質量。在一九○○年，全球人口總數估計約為十六億人，但在九十六年之後已激增至五十七億七千多萬人（註 60 ），這樣的總數量和增長速度不僅嚴重威脅地球生態的平衡，也使個人的生活品質與群體生活的內在難度處於相當嚴峻的形勢。二十世紀的人類更深刻地認識到速度和數量增長的威力及魅力，但在我們這個世紀末(fin de siècle)，似乎質量、品質的問題已不耐地揮動它的羽翼，要求我們及早與它會面磋商（註 61 ）。從這個角度來看，蘇格拉底式預設正是以人的質量為主要關懷的一種提示和喚醒。

　　為了使我們的討論能落實、安頓到具體的歷史條件之中，在下一章裡，我們將先對代表著當前的時代大潮的民主政治進行深入探究，因為唯有對現實情境有更通透的理解，我們才可能有意義地考察政治與道德之間的當代關聯。

註 釋

註 1 ： Plato, *Gorgias*, 521d. 普林斯頓大學出版社的《柏拉圖全集英譯本》譯作 "the true political art", 而 Terence Irwin (Oxford University Press, 1979) 譯作 "the real political craft"。關於真正的政治技藝的深入討論，可考 Thomas Brickhouse & Nicholas Smith, *Plato's Socrates*, New York: Oxford University Press, 1994, pp.137f.

註 2 ：對於蘇格拉底的否證法， Vlastos 有如下的精闢的解說:「蘇格拉底的否證法是一種透過問答式的對立論證來企近道德真理的探索，在否證法之中，某一項論題只有當回答者視爲是他自己的信念時，才會被辯論，再者，某一項論題只有當它的反面可以從回答者自己的信念之中推導出來時，才會被否證掉。」見 Gregory Vlastos, *Socratic Studies*, Cambridge: Cambridge University Press, 1994, p.4 。

註 3 ：參見 W. K. C. Guthrie, *Socrates*, Cambridge: Cambridge University Press, 1971, pp.130f; George Klosko, *The Development of Plato's Political Theory*, New York: Methuen, 1986.

註 4 ： Plato, *Apology*, 32d.

註 5 ： Plato, *The Repulblic*, 431C. 根據 Desmond Lee 的英譯本第二版(Harmondsworth: Penguin, 1987), p.143.

註6：Karl Popper, *The Open Society and Its Enemies*, Vol.I, London: Routledge, 1966, pp.194f.

註 7 ：Aristotle, *The Politics*, 1280b, 1281a. 根據 Ernest Barker 的修訂版英譯本(Oxford: Oxford University Press, 1995)，並參考 T. A. Sinclair 的修訂版英譯本(Harmondsworth: Penguin, 1981)。

註 8 ：Aristotle, *Nicomachean Ethics*, 1094b.

註 9 ：Kenneth Minogue, *Politics: A Very Short Introduction*, Oxford: Oxford University Press, 1995, p.110.

註 10 ：Stephen Salkever, "Virtue, Obligation and Politics", *American Political Science Review*, Vol.68, No.1, 1974, p.78.

註 11 ：*Ibid.*, p.80.

註 12 ：*Ibid.*, p.81. 此外，陳思賢曾正確地指出：「在柏拉圖、亞里士多德的思想中，政治生活的最後目的在於臻於"善"的生活，而政治過程就恰是一種"成德"的過程。但洛克卻僅視政治的目的為保障"舒適、安全、和平"，不需要沾染道德的意含。」見氏著，《從王治到共和》，台北：作者自印，一九九四年，第五十二頁。

註 13 ：Cicero, *De Officiis*, trans. by Walter Miller, Cambridge, Mass.: Harvard University Press, 1913, II: 73, p.249.

註 14 ：*Ibid.*, II:78, p.255.

註 15 ：關於西塞羅做爲西方主要政治思想家當中，第一個明白揭示國家的非道德目的者，詳參 Neal Wood, *Cicero's Social and Political Thought*, Berkeley: University of California Press, 1988, pp.128-132 and 11.

註 16 ：柏拉圖所謂的節制，指涉著不論是在個人身上還是在國家裡，較低下的部分懂得去服從較優越的部分，從而表現出處於協調之中的一致性，見 *The Republic*, 432a.

註 17 ：參考 Polybius, *The Rise of the Roman Empire*, trans. by Ian Scott-Kilvert, Harmondsworth: Penguin, 1979, VI:18, pp.317-318.

註 18 ： Thomas Hobbes, *Leviathan*, ed. by Richard Tuck, Cambridge: Cambridge University Press, 1991, ch.13, p.90.

註 19 ：關於霍布斯主權理論的特色與內在困難，可參考 Norberto Bobbio, *Thomas Hobbes and the Natural Law Tradition*, trans. by D. Gobetti, Chicago: The University of Chicago Press, 1993, pp.49ff; C. B. Macpherson, *The Political Theory of Possessive Individualism*, Oxford: Oxford University Press, 1962, pp.90f.

註 20 ： Hobbes, *op. cit.*, ch.13, p.89.

註 21 ： Tom Sorell, *Hobbes*, London: Routledge, 1986, p.125.

註 22 ：這裡的爭論的焦點在於，霍布斯所構想的國家裡的公民，其公民身分究竟空洞、貧乏到什麼程度？相較於沙勒爾的不同的評斷，可參考 George Klosko, *History of Political Theory*, Vol.2, Fort Worth: Harcourt Brace College Publishers, 1995, pp.71f.

註 23：筆者在這裡並未僵硬地將洛克等人規定爲不可能論者，而只是單純地在指出制衡思想的形成路徑。

註 24：關於中立性與對優先於善的精要概括，可參考 George Sher, "Knowing about Virtue" in John Chapman and William Galston eds., *Virtue*, New York: New York University Press, 1992, pp.91f; Robert George, *Making Men Moral*, Oxford: Clarendon Press, 1993, pp.129f; Charles Larmore, *The Morals of Modernity*, Cambridge: Cambridge University Press, 1996, pp.19f and 121f; James Fishkin, *The Dialogue of Justice*, New Haven: Yale University Press, 1992, pp.95f; Chandran Kukathas & Philip Pettit, *Rawls: A Theory of Justice and Its Critics*, Cambridge: Polity Press, 1990, pp.54-55, 72.

註 25 ：Larmore, *op. cit.*, p.123.

註 26 ：John Rawls, *A Theory of Justice*, Cambridge, Mass.: Harvard University Press, 1971, p.396.

註 27 ：*Ibid.*, p.448.

註 28 ：Larmore, *op. cit.*, pp.121-122.

註 29 ：John Locke, *A Letter Concerning Toleration*, ed. by James

Tully, Indianapolis: Hackett, 1983, p.53.

註 30 ： *Ibid.*, p.55.

註 31 ：關於這方面的精闢分析，可參考 Quentin Skinner, *Machi-avelli*, Oxford: Oxford University Press, 1981, pp.34f; Quentin Skinner, *The Foundations of Modern Political Thought*, Vol.I, Cambridge: Cambridge University Press, 1978, pp.131f.

註 32 ： Niccolò Machiavelli, *The Prince*, trans. by George Bull, Harmondsworth: Penguin, 1981, ch.15.

註 33 ： Maurizio Viroli, "The Revolution in the Concept of Politics", *Political Theory*, Vol.20, No.3, 1992, p.473.再者，雖然馬基維利並不是第一個使用國家理性這個詞的人（按照史基納的說法，第一個使用這個詞的人是古伊西亞迪尼 (Francesco Guicciardini)，見 Skinner, *The Foundations of Modern Political Thought*, Vol.I, p.248; 另見 Francesco Guicciardini, *Dialogue on the Government of Florence*, ed. and trans. by Alison Brown, Cambridge: Cambridge University Press, 1994, p.159)，但他之奠立此一觀念的根基，則無庸置疑。而在馬基維利和古伊西迪亞尼的基礎上，繼續加以闡發的，則是波特羅(Giovanni Botero)。

註 34 ： Machiavelli, *op. cit.*, ch.3.

註 35 ： Bruce Ackerman, *Social Justice in the Liberal State*, New

Haven: Yale University Press, 1980, p.7.

註 36 ： *Ibid.*, p.11.

註 37 ： Bruce Ackerman, "Neutralities" in R. Bruce Douglas et. al. eds., *Liberalism and the Good*, London: Routledge, 1990, pp.29-43 at p.29.

註 38 ： Ronald Dworkin, "Liberalism" in Stuart Hampshire ed., *Public and Private Morality*, Cambridge: Cambridge University Press, 1978, pp.116-117.

註 39 ： *Ibid.*, p.127.

註 40 ：質疑以中立性來做爲自由主義的核心標記的論者例如： Brian Barry, "How Not to Defend Liberal Institutions" in R. Bruce Douglass et. al., *op. cit.*, pp.44-58, esp. pp.56-57; Henry Richardson, "The Problem of Liberalism and the Good" in R. Bruce Douglass et. al., *op. cit.*, pp.1-28, esp. sec.6; Joseph Raz, *The Morality of Freedom*, Oxford: Clarendon Press, 1986, ch.5.

註 41 ： Ludwig Wittgenstein, *Culture and Value*, trans. by Peter Winch, Chicago: The University of Chicago Press, 1980, p.75.

註 42 ：當然在基礎較爲深厚的自由主義國家(libral state)，是比較不會存在著類似我國國家安全法第二條這樣的禁令。

註 43 ： Stephen Salkever, "'Lopp'd and Bound': How Liberal Theory

Obscures the Goods of Liberal Practices" in R. Bruce Douglass et. al., *op. cit.*, p.194.引句內的強調處為索爾克弗所加。

註 44 ：詳見 Robert Nozick, *Anarchy, State, and Utopia*, New York: Basic Books, 1974, pp.213ff.

註 45 ： Rawls, *op. cit.*, pp.302-303; John Rawls, *Political Liberalism*, New York: Columbia University Press, 1993, pp.5-7.

註 46 ： Rawls, *A Theory of Justice*, p.31.

註 47 ： *Ibid.*, pp.31-32.

註 48 ： Rawls, *Political Liberalism*, pp.36f.

註 49 ： Rawls, *A Theory of Justice*, pp.447-448.

註 50 ：沃林(Sheldon Wolin)在這方面做了極其深刻的批評，詳見 Sheldon Wolin, "The Liberal/Democratic Divide: On Rawls's *Political Liberalism*", *Political Theory*, Vol.24, No.1, 1996, pp.97-142, esp. pp.105-106。另見張福建，＜自由主義與合理的政治秩序＞，中研院社科所「多元主義研討會」會議論文，一九九六年五月。張文的較詳細的版本則刊載在台大政治系《政治科學論叢》，第八期，一九九七年，第一一一至一三二頁。

註 51 ： Rawls, *Political Liberalism*, pp.40-41, 156-158.

註 52 ： Charles Taylor, *Sources of the Self*, Cambridge, Mass.: Harvard University Press, 1989, p.88. 類似的批評亦見於

Simon Caney, "Anti-perfectionism and Rawlsian Libera-lism", *Political Studies*, Vol.XLIII, 1995, pp.248-264.

註 53 ： Taylor, *op. cit.*, p.89.

註 54 ： Rawls, *Political Liberalism*, p.173.

註 55 ： *Ibid.*, p.209.

註 56 ： *Ibid.*, pp.174-175.

註 57 ：亦即奠基在柏拉圖的早期對話錄之上、奠基在柏拉圖（所記述）的蘇格拉底(Platonic Socrates)之上的理論抽繹。更進一步來說，如果不以"柏拉圖（所記述）的蘇格拉底"做為基礎，那麼，近代以降的蘇格拉底研究必是困難重重。

註 58 ： Isaiah Berlin, *The Crooked Timber of Humanity*, New York: Vintage Books, 1990, p.46.

註 59 ： John Dewey, "The Economic Basis of the New Society" in his *Political Writings*, ed. by Debra Morris and Ian Shapiro, Indianapolis: Hackett, 1993, p.170.

註 60 ：參見 *The World Almanac and Book of Facts 1997*, Mahwah, New Jersey: World Almanac Books, 1996, p.838. 其中又以亞洲的人口最多，約三十四億二千八百萬人，佔全球人口的百分之五十九點四。

註 61 ：類似的憂慮亦見之於洪鎌德，＜跨世紀政治哲學的論題＞，《哲學雜誌》第十八期，一九九六年十一月，第四至二十九頁；林火旺，＜羅爾斯之政治自由主義與道德生活＞，收於錢永祥、戴華（編），《哲學與公共規範》，台北：
中研院中山社科所，一九九五年，尤其是第七十一頁及第
七十三頁註十四；張福建，＜社群、功效與民主：約翰‧
彌勒政治思想的另一個側面＞，收於陳秀容、江宜樺
（編），《政治社群》，台北：中研院中山社科所，一九
九五年，特別是第五節；賀麟，＜經濟與道德＞，收於氏
著，《文化與人生》（新版），北京：商務印書館，一九
八八年。

第三章　民主的獨特之處

　　任何的政治社會，都必須去制定對所有的成員都具有約束力的決策，否則就難以成其爲一個政治社會。自人類開始自覺地思考群體生活的本質以來，恐怕就已經有了這樣的認識。古希臘哲人派的重要代表人之一克里提亞斯(Critias)就曾這麼寫道：

> 曾經有一段時間，人類生活毫無秩序可言，
>
> 人類與禽獸無異，並屈服於強力；
>
> 在彼時，好未獲償報
>
> 壞亦不受懲罰。
>
> 然後，我揣測，人類遂建立了
>
> 諸種規範(nomoi)來做為懲罰者，
>
> 俾使正義成為強有力的統治者
>
> 同等適用於眾人並讓暴力做其奴僕，
>
> 而任何犯錯之人必當受罰。（註 1 ）

　　此外，明顯地將眼光擺在天國的奧古斯丁(St. Augustine)，他雖然認定「至於這個在短暫的時日之後就告終結的有生的生命，只要統治者不強迫一個人去做不尊敬上帝的行爲和邪惡的行爲，那麼，一個終究不久於人世的人，他究竟是在誰的統治下過活，又有啥關係呢？」（註 2 ）但他依然承認在上有權柄的，其權柄皆由上帝所授，因此，仍必須被服從，否則一個動盪的世俗國度，

亦會使基督徒在俗世的天路歷程更形坎坷。這無疑地也是認同了對所有的人都具有約束力的決策的必要性。

　　而對所有的成員都具有約束力的決策，該如何被做成的問題，亦即所謂的政體的問題、政治統治的形式(form of political rule)的問題，則直接關係到政治生活的內容和運作過程。佩里克里斯(Pericles)在國殤演說中，不忘提醒他的國人，雅典的民主政體的優越性；但思考的角度明顯異於佩里克里斯的柏拉圖，則對民主政體有著截然不同的評價。總之，自從柏拉圖在《理想國》第八卷開始區分各種政體，並由亞里斯多德加以繼承修正之後，歷來的政治思想家們都曾經直接或間接地對各種不同的政體的優劣表達了評價。甚至若干別具文采的統治者，亦不忘為其所鍾情的政體進行辯護，例如君權神授說的鼓吹者英王詹姆士一世（James I, 1566-1625，原為蘇格蘭的詹姆士六世），即曾對國會表示：「君主國係世上最尊崇之物，蓋國王不僅為上帝在世上之代理人，坐於上帝之王座，尚且亦被上帝稱為神祇，‥‥在《聖經》裡‥‥國王亦被比為家庭之父尊，蓋國王乃真正的祖國之父(Parens patriae)，乃其子民之政治之父(politique father)。」（註3）而詹姆士一世雖以此一令其自豪的道理訓誨其子，即後來的查理一世(Charles I, 1600-1649)，但查理一世卻步上被審判然後被斬首的悲劇結局。雖然我們不想陷入那冒充歷史法則的發現者的迷夢，但似乎從較長遠的歷史幅距來看，十七世紀英國內戰這段動盪的史實，其實已隱約預示了專制統治（以及它所特有的制定對所有的

人都具有約束力的決策的模式）的最終命運，只是不同的國家各
有其不同的主客觀條件，從而造成了曲折度各有分別的歷史軌
跡，以及所需付出的鮮血代價的不同程度的差別。

　　至於為何實質的君主政體會是現代之前的最普遍的政治統治
的形式，我們不擬過多地妄加推測，這應當由專業史家或政治人
類學研究者，來給予更妥善的回答。至少，一個不致引起太大爭
議的評斷是，民主政體（民主政治）乃是在當今世界享有最崇隆
聲望的一種政治統治的形式。那些已然具有一定程度的民主規模
的國家，不僅以其民主體制為傲，亦不忘輸出其民主理念。而在
那些尚未有效享有民主果實的國家裡，仍不斷有甘願淌血或冒著
犧牲人身自由之危險的先驅者，向其統治當局要求民主改革。某
位比較政治的研究者曾指出，自一九七四年葡萄牙獨裁者卡約塔
諾(Marcello Caetano)被推翻開始，全球即進入民主化進程的第三
波階段，包括南歐、拉丁美洲、亞洲、前蘇聯集團等地區內的許
多國家，共同築起了第三波民主化的壯闊場景（註 4 ）。姑且不
談全球民主化進程的細部劃分這一類的問題，越來越多的國家正
以不同的速度行進於民主轉化的道路，則是不爭的事實。面對這
樣的歷史場景，政治理論的不容推諉的職責就是：去考察民主政
治究竟有何獨特之處，以及去檢討民主政治底下的政治生活的實
質。而這正是本章及下一章的基本任務，同時，我們也希望通過
對這些問題的進一步釐清，來協助我們檢驗蘇格拉底式預設在當
代所具有的參考價值。

第一節　程序民主觀

在我們這個時代，"民主"的確已具有了幾分不可冒犯的神聖性。某些連基本的民主程序都還付之闕如的國家，卻不忘以民主來標舉其國名，例如北韓的全名為"朝鮮民主人民共和國"，兩德統一之前的東德，正式的國名為"德意志民主共和國"(Deutsche Demokratische Republik)。而在較具有民主規模的國家裡，任何敢於公開宣稱反對民主或質疑民主的人，倘若不被視為是國民公敵，至少也會被懷疑為神智不清。頌揚、禮讚民主已成了我們這個時代的潮流之一，"不民主"(undemocratic)則成了帶有貶義的形容詞。但歷史經驗向我們表明，當某一種事物狀態被賦予了神聖的或準神聖的性質，從而被剔除在檢討名單之外時，通常就不難嗅到悲劇的氛圍。我們決不否認民主的價值，但我們也不想未經檢省地成為時代潮流的俘虜，因此，在以下的部分，我們要先將民主的威名擱置一旁，然後，儘可能平實地檢討民主做為一種政治統治形式的本質，以及如果民主的確有其難以抗拒的魅力的話，那麼，它的魅力的來源究竟為何？

如民主的研究者所周知，不同的的論者所勾勒的民主的圖像，即使不是全然異質，至少也確實存在著差別。因此，為了便於討論，我們必須選擇一個有利的起點，而在我們看來，以熊彼得(Joseph Schumpeter)為主要代表的程序民主觀或均衡式民主觀（註5），應可做為有利的起點。我們做此選擇的主要理由有二：

首先，熊彼得對民主的界定（亦即將民主界定為一種特定的程序或方法）在現今仍極具影響力，仍為許多討論民主者所接受；其次，熊彼得的民主界說可謂是一種以事實描述為本的、關於民主的最低限度的界定(minimal definitioin)，如果霍布斯所強調的從最簡單的構件出發仍不失其參考性，那麼，我們也樂於應用在我們現有的課題上。在熊彼得看來，諸如"公善"(public good)、"人民的意志"(will of the people)這一類含混而不精確的概念，不應該被引進到民主的定義之中，否則就無法精確而客觀地描述民主的真實面貌，而他認為這正是古典民主理論所陷入的困境，一種由於要將倫理內涵引入民主的定義之中而造成的困境（註 6 ）。因此，熊彼得強調，民主不外乎只是一種獨特的方法或程序，「民主的方法(the democratic method)乃是達成政治決策的制度安排，其途徑是使特定的個人透過爭取人民選票的競爭，來取得決策的權力。」（註 7 ）我們不難發覺，這個定義本身並不是一個自足的定義，因為它已然預設了許多前提，例如：必須有選舉存在（而且還必須是不受操控的自由的選舉）、必須允許組成政治團體來有效地爭取人民的選票、以及選舉的結果和決策權的歸屬之間的法制化的關係等等。

　　但我們沒有必要去過多地非難熊彼得的定義，熊彼得的重要性在於他開展了一種理解民主的新路向，一種奠基於經驗描述之上的最低限度的界定。而在熊彼得所確立的基礎上，典範內的累積工作也被活潑地展開，這些後繼者的任務無非就是要去強化熊彼得的框架的內在的理論密度。在這些後繼者當中，當斯(Anthony Downs)可謂是典型的代表，當斯在其《民主的經濟理論》（一九五七）一書裡，曾這麼界定"民主政府"(democratic government)：

> 為了要迴避倫理預設，我們只描述性地界定民主政府，也就是說，藉著列舉在實際上使這種政府形式〔民主政府〕有別於其他的政府形式的特定特徵的方式〔，來界定民主政府〕。倘若一個政府所置身的社會是一個下列條件普遍存在的社會，那麼，這個政府就是民主政府：
>
> 1. 通過普選，一個個別的政黨（或幾個政黨的聯合）被選定來執掌統治機構。
> 2. 這類選舉係在定期的間隔之內舉行，而其持續期間不得由掌權的政黨單獨地加以變更。
> 3. 所有的成年人，凡係該社會的永久居民、心智健全、並遵守該社會之法律，即有資格在每一次的這類選舉中投票。
> 4. 每一位選民在每一次選舉中，都僅僅只能投下一票。
> 5. 任何獲得參與投票者之多數支持的政黨（或聯合），即有權接管政府之權力，直到下一次選舉。
> 6. 在選舉中失利的政黨，決不以強力或任何非法手段，來阻撓勝選的政黨（或數個政黨）的就任。
> 7. 只要任何的公民或其他政黨不企圖以強力來推翻政府，則掌權的政黨決不企圖去限制他們的政治活動。
> 8. 在每一次的選舉中，有兩個或更多個政黨在競爭統治機構

的控制權。（註 8 ）

我們之所以不嫌冗長地引用這段文字，主要是要來指出，熊彼得式的對於民主的最低限度的界定的經驗性和非規範性。顯而易見，當斯的八項辨識民主政府的條件，確實和熊彼得所主張的一樣，都未曾摻染諸如公善、人民的意志這一類的顯然帶有規範內容的概念。不過，即使如此，我們仍然必須強調，這並不是說這種對於民主的經驗性的、描述性的界定，就不隱含著對包括民主政體在內的諸種政體的價值判斷。它仍然在一個更高的層次帶有價值判斷的色調，只是不需表露在其經驗性的界定之中。這也再度說明了，沒有任何的政體分類會純粹只以描述的興趣為滿足。

從程序或方法的特徵來界定及理解民主，向來被認為是特別流行於以經驗研究或比較政治為專業的政治學者之間，其中的知名人物例如杭廷頓(Samuel Huntington)、阿蒙(G. A. Almond)等人。但這樣的印象並不夠全面，事實上，越來越多的以政治理論為專業的研究者，也樂於採納這種界定方式。最明顯的例子如義大利當代著名的民主理論家波比歐(Norberto Bobbio)，他曾這麼寫道：「我的前提是，唯一一種得以使對於民主的有意義的討論⋯成為可能的方式，就是將民主視為是由一組（主要的或基本的）規則來顯示其特徵，這組規則確立了誰被授權去做集體決策，以及何種程序該被應用。」（註 9 ）將民主僅僅只視為是一種程序，這樣的觀點的日漸得勢所表徵的深層意義，將留待後文再行深入討論，在這裡，我們只是試圖來提醒這種觀點的普遍流行的事實。

　　那麼，在程序民主觀這個基礎上來說，亦即，在關於民主的
最低限度的界定這個基礎上來說，民主究竟有何獨特之處呢？無
疑地，其之所以獨特肯定與其程序有關。但首先一種不甚正確的
理解必須先被指出，那就是以爲民主的獨特之處就在於它所做出
來的決策必定能產生最好的結果這樣的見解。以下就先行探討此
一見解的不當之處。我們知道，依程序民主觀之見，民主的判別
準據在於一種獨特的、明顯不同於專制體制的決定集體決策權之
歸屬的程序或方法，民主是透過選舉的競爭來決定集體決策權的
歸屬。不過，針對任何議題的意見的表達，包括決定由哪些人在
未來的一段特定期間內掌有集體決策權在內，要取得全體一致的
同意，即使不是完全不可能，也是極爲罕見的。因此，在此種情
況底下，就不得不仰賴多數決原則(majority principle)。然而，如
果冒然地假定依據多數決原則所做的決策就是最佳的決策，就是
能夠產生最好的結果的決策，這就已經誤入歧途了。這種假定在
實際上隱含著說，真正具有份量的是"結果"而不是"程序"，
隱含著說民主的獨特之處就在於它能產生好的結果。但誠如貝里
(Brian Barry)所指出的，如果是這樣的話，那麼，只要任何其他的
程序，能夠產生相等於或甚至優於民主程序所產生的結果，則我
們豈不應該捨棄民主程序並轉而支持其他的程序了呢！（註 10 ）
因此，從結果來聲稱民主的獨特之處，並不是一種高明的策略。
更進一步來說，多數決原則本身也背負不起如此沈重的"正確性"
的保證。多數決原則在本質上只是建築在數量的比較之上的一種

裁決，它決不可能從數量的優勢衍生出質量的優越性（註11）。倘若數量的優勢就可以保證質量的優越性，則多數專制(tyranny of majority)就不宜被稱爲是專制，而反倒應該被視爲是不得不然的強制教導了！但這無疑是最拙劣的理解從量變到質變的方式之一。

程序民主觀雖然只從程序的特徵來定義民主，不過，這項定義的背後仍然存在著特定的預設，缺乏了這些預設，就難以論證爲什麼恰恰就是這樣的程序而不是別種程序。一般認爲，這些預設至少包含了兩個核心要素，那就是"平等"和"人民主權"(popular sovereignty)。因爲預設了平等這項價值，因此才能夠主張每位公民都能去參與投票，並且還是一人一票、票票等值（前述的安東尼·當斯界定民主政府的第三及第四項條件）。更詳細地說，這裡的平等至少意味著每一個人的政治地位都是平等的，故而都應該有平等的機會去表達他要選擇哪些人來掌握集體決策權。當然，這裡的平等也可以有更深入一層的意涵，事實上，對於民主所預設的平等在內容上的不同的理解，正是造成民主理論的紛歧的重要原因，這點容後再述。其次，正因爲預設了人民主權（最高的權力應該在全體人民手中）這項價值，因此才能夠主張由人民（或者比較狹義地說，由公民）而不是僅僅只由身上流著藍色血液的人（貴族），來決定究竟要由哪些人來制定集體決策。

不過，卡爾·巴柏卻高度質疑人民主權概念的合理性與必要性，「事實上，人民主權是一項危險的原則，多數人的獨裁對少數人來說乃是極其可怖的」（註12），「所以，民主體制並不是人民主權的體制，而是最主要地使他們得以保護自己免於受獨裁之傷害的體制。」（註 13 ）爲什麼巴柏要這麼說呢？爲什麼他要摒棄人民主權這個概念呢？在他看來，人民主權概念的產生，乃是由於我們提出了"誰應該統治？"(Who should rule?)這個錯誤的問題。而最早提出這個錯誤的問題的人就是柏拉圖，柏拉圖的整部《理想國》就是爲了要來回答這個問題，而人民主權也只是用以回答這個錯誤問題的答案之一。但巴柏認爲，如果我們要想走出錯誤，我們就應該更換政治哲學的基本問題，我們應該提出的問題是："是否存在著在道德上應該受譴責的政府形式？"或者，"是否存在著容許我們擺脫罪惡的政府，或擺脫僅僅只是無能的、帶有傷害性的政府的政府形式？"亦即，「爭論的問題並非"誰"統治的問題，而是"何種"政府形式的問題。」（註 14 ）

　　巴柏還進一步指出，人民主權的理論是在鼓吹一種非理性的意識型態、一種迷信，那就是「人民（或人民中之多數）是不可能錯誤的，或行不義之舉的。」（註 15 ）但古雅典之殘暴地攻擊梅洛斯(Melos)這個城邦、之處死蘇格拉底，威瑪共和之讓希特勒步上政治舞台，在在都是出自於人民的決定，人民和任何的個人一樣，都很容易犯錯，因此，我們應該果決地拒斥人民主權這個不道德的理念。基於此種信念，巴柏遂認爲民主只能意味著人民的審判(popular judgement)，而不是人民的統治(popular rule)，民主應該被理解成「可以用不流血的方式撤換其政府的國家形式。」（註 16 ）因此，在一個民主體制裡，人民的角色並不是去統治，而

是去審判現任政府，去做爲是否讓現任政府繼續留任的陪審員，
「在我的觀點裡，那正是投票日所應該有的意義：不是去給予新
政府以正當性的日子，而是我們可以審判舊政府的日子－－舊政
府必須爲其作爲來進行解釋的日子。」（註17）再者，關於不能
將投票日視爲是賦予新政府以正當性的日子，巴柏也還有一套說
法。那就是人民在政府的更迭這件事上，所應著重的是"撤換的
威脅"(the threat of removal)這樣的消極權力，而不是去任命一個
政府或一位總理的積極權力，巴柏感嘆道：「很可惜地，大多數
人卻不這麼想，而過分強調新的任命則帶著某種危險；因爲對新
政府的提名會被視爲是選民所給予的認可，會被視爲是以人民的
名義透過"人民的意志"而給予的正當化。但我們怎能知道，人
民怎麼知道，選出來的政府會犯下什麼樣的錯誤或甚至是罪行
呢？」（註18）很明顯地，巴柏的這種極其審愼的民主觀，恰恰
和盧梭構成強烈的對比（註19），而其中的關鍵當然就在於，他
們兩人對於人民主權的截然不同的判斷。

　　雖然巴柏在人民主權這條陣線上做了撤退，但深入究之，我
們不難發覺他的撤退並不是全面性的，否則他如何能堅持人民對
於現任政府之留任與否的審判權或撤除的威脅呢？這是再清楚不
過的道理了。巴柏的真正意圖是要去弱化人民主權的內容，是要
去將人民的角色限制在消極的審判的角色，並解除人民的統治與
人民主權之間的關聯，而如果非得談人民主權的話，最多也只能
指涉著人民對於現任政府的去留的審判權。更進一步來說，巴柏

是以將民主視爲是專制和獨裁的對立面這樣的方式來處理民主，
「一個民主體制和一個專制體制的差別在於，在民主體制底下，
可以無需經過流血而擺脫政府，在專制體制底下，則無此可能。」
（註20）而這當然就是巴柏所認爲的民主的獨特之處。此外，還
必須再加補充的是，巴柏的削弱人民在政府更迭過程中的角色（亦
即，只是在裁決現任政府能否續任，而不是在賦予新政府以正當
性），並不意味著他企圖全面地縮減人民的活動空間。恰恰相反，
他只是要來削弱人民的政治角色，他並不對政府或政治抱持著浪
漫的想像，「事實上，民主什麼事也做不了，只有民主體制裡的
公民們才能夠去行動」（註21），他所真正關注的是私人領域的
確保，他所期盼的開放社會在政治面向上，無非只是一個守夜人
國家。

綜上所論，巴柏的民主觀仍不脫程序民主觀之範疇，只不過
巴柏比前述的程序民主觀還更爲退卻，因爲他試圖去弱化人民主
權的內容。而在巴柏看來，民主的獨特之處就在於不需要以流血
的方式來完成政府之更迭，這無疑也是程序民主觀所能夠同意
的。那麼，除此之外，就廣義的程序民主觀來說，民主還有什麼
別的政治體制所不具備的獨特之處呢？讓我們推論如下：

一、民主使自我持續的(self-perpetuating)統治者成爲不可能。亦
　　即，在民主體制底下，統治者無法單方面地自行決定其統治
　　的期限，或指定其繼任者，而完全不受人民之干預。

二、制定對所有的人都具有約束力的集體決策權這樣的權力，在

特定的一段期間內究竟歸誰所有，係由人民來決定。

三、在理論上，但當然不是在實際上，每一位符合特定資格之規定的公民，都可以去參與取得集體決策權的競爭。

　　回溯地看，和長期支配人類的政治舞台的專制體制相較，程序民主觀所代表的具體體制和所透顯的獨特之處，已算是一大進展了。此一具體體制使人的生命尊嚴更多地受到重視，也使任何個人的專斷意志，無法像過往的專制體制那樣，支配著其他所有的人。但程序民主觀畢竟只著眼於特定的政治程序，就某個角度來說，程序民主觀可謂將人民假設為消費者或食客，而將參與競逐集體決策權的個人或團體視為是提供消費選擇的企業家，或提供菜色的廚師。在這樣的格局底下，人民始終只處於被動的角色，因為人民只能去選擇不同的消費品或菜色。我們在前面一再強調，程序民主觀並不能窮盡所有的對於民主的理解，程序民主觀做為一種關於民主的最低限度的界定，只是我們為了討論的方便而選擇的一個有利的起點。接下來就讓我們從這個起點邁進，繼續探討其他的對於民主的理解。

第二節　理想型民主

晚年的盧梭曾這樣自我交心：「我的氣質對我的生活準則(maximes; principles)，或更確切地說對我的習慣起了很大的影響。因為我做事不大根據什麼條規，或者說除了聽任我的天性的促動，很少遵循任何其他的條規。」（註22）當然，並不是所有的人都像盧梭那樣是一個極度崇尚感情的浪漫派，但似乎政治理論的舖陳，或多或少都反映了立論者的氣質性情，以及吸引他的氣質性情的價值取向。例如霍布斯在其自傳之自稱他與恐懼係孿生兄弟（註23），此一氣質性情使其以安全、和平、秩序為最可欲之價值，從而反映在他獨特的政治理論之中。（我們並不想過分誇大心理或人格分析在詮釋特定的政治理論之形成的作用，我們只是對其間的關聯存在著好奇心。）同樣地，不能以程序民主觀為滿足的人，或多或少也是被與其氣質性情相契合的價值所吸引，並期盼將這些價值進一步納入他所理解的"民主"之中。這使得民主逐漸脫離純粹的經驗指涉，轉而意味著一種可欲的事務狀態(a desirable state of affairs)（註24）。而個別論者所期盼納入民主之中的價值或目的，也成了他所理解的民主的獨特之處或特殊性之所在。但這些價值或目的的提出並不是毫無根據的，它們多半和程序民主觀背後的預設（亦即，平等和人民主權）有關。

在本質上，這些"理想型民主"是要從各自所著重的方向，要求深化平等或人民主權（或同時深化這兩者），另外，這種進一步深化的要求，也促使某些論者主張擴大民主的適用範圍。首先，讓我們先從要求深化人民主權這個面向進行討論。如上所述，在程序民主觀裡，人民只處於被動的地位，人民的政治角色主要是透過他的選票而去決定集體決策權的歸屬。這明白反映了程序民主觀的民主圖像乃是間接民主、代議民主，而非古雅典式的直接民主。事實上，為代議體制來進行辯護，絕非始自於本世紀（二十世紀）的程序民主觀，早在代議體制於西方初奠根基之際，就有理論家鍾情於代議體制的優越性。例如佩恩(Thomas Paine)在其《人權》一書中就曾指出，古代的民主體制（佩恩又稱其為簡單民主體制）由於不懂得代議制度這個東西以及它的妙用，因此，當其人口不斷增加，且其土地面積持續擴大之後，無法因應新局面的簡單民主制遂趨於衰亡，並由君主政體所取代，「倘若在當時如同現在這樣知道代議制度，那麼，就沒有理由相信那些現在被稱為君主政體或貴族政體的政府形式會出現了。當社會的人口變得過多，同時土地又延伸得更於廣大之後，由於簡單的民主形式缺乏結合社會的各個部分的方法，再加上世界其他地區的牧人們又處於鬆散且孤立的情境，這才給予了那些不自然的政府模式以出現的機會。」（註 25）再者，佩恩又認為，君主政體只是一種騙人的把戲，其目的不外乎是搜括人民的錢財，相形之下，代議制度是最合理的制度，「在代議制度底下，支持每一件事的理由都必須被公開。每一個人都是政府的所有權人，並認為政府乃是他必須了解的事務之一。這關係到他的利益，因為這會影響他的財產。」（註 26）姑且不論代議制度是否真的具有這些奇妙的功能，但佩恩之熱中於為其辯護，可謂極其明顯。

代議體制的另一位早期的辯護者約翰・彌爾，主要則是從兩方面來立論。第一個方面的理由是，古希臘民主城邦那種由公民們親自過問公共事務的做法，在人口數量大幅增長的現今，已不復可能。雖然彌爾向來強調全民參與的重要性，但並不能因此而無視於客觀條件的巨大變化，因此，直接民主最多只能行之於小市鎮，而不可能體現於現代國家之中，彌爾這麼寫道：「唯一能夠充分滿足社會狀態的諸種急迫需要的政府，就是全民皆能參與的政府；任何的參與，即便只是對最微小的公共機能的參與，都是有用的；無論在何處，參與都應該在社群的改善所容許的一般範圍內力求擴大；而最為可欲的事其實就是允許所有的人分享國家的主權。但是，在一個範圍大於單一的小市鎮的社群裡，由於大家能親身參與的僅僅只是公共事務當中的某些極其次要的部分，這就意味著一個完美政府的理想形態，必定就是代議式的。」（註 27）由此可知，雖然彌爾和佩恩一樣，都察覺到了人口和土地面積這類客觀條件，在很大的程度上限定了可供選擇的民主形式。但是，彌爾遠較佩恩還更肯定直接民主的可欲性，只不過彌爾最終還是在盱衡現實之後，踩了煞車。

然而，彌爾之倡言代議政府的第二方面的理由，才是更為引人注目之處。如湯普森(Dennis Thompson)所指出的，彌爾的民主理論的特色就是試圖要來調解"參與原則"和"能力原則"，他雖然極力主張公民參與所具有的教育功能（而這又有助於一般公民的心智與人格的成長），但他始終惦念著如何讓具有較卓越的能力的人，在政治過程中起應有的好的作用（註28）。彌爾明確地指出：「如同現代文明一樣，代議政府的自然傾向乃是趨向於集體的平庸(collective mediocrity)：而一切的選舉權的緊縮和擴大都增強了這個傾向，其結果乃是將主要的權力放置在越來越低於社群裡的最高的教育水平的階級手中。但儘管具有較優越的智力和品格者在人數上必然是處於劣勢，然而他們的聲音能否被聽到則是一件至為重要的事。」（註29）事實上，早年的彌爾之將選民比擬為病患，並謂病患雖有能力去判斷、選擇好的醫生，但不能去要求醫生根據病患自己的醫藥觀來給他開處方或做診療（註30），乃至於後來的彌爾之一度著迷於複票制，在在都顯示了彌爾對於在人數上居於優勢、但在心智能力和德性水平都有所不足的一般人民的憂慮。而雖然代議政府也不可能完全克服這項難題，但在彌爾看來，至少代議政府還有比較大的機會讓那些在心智能力和道德品質上都較為卓越的人來產生更大的作用。這是肯定民主是唯一合理的政府形式的彌爾（而這也使得彌爾不可能去考慮柏拉圖式的國家），所能夠有的唯一的選擇，同時，這也構成了彌爾為代議政府（間接民主）進行辯護的重要理由之一。

　　的確，當代的間接民主的倡導者所仰賴的理由，基本上也不超出彌爾和佩恩所提出過的理由。但我們已經指出，"理想型民

主”的倡導者並不能滿足於僅僅將民主限定爲一種人民只能扮演
有限的角色的“政治方法”(political method)，亦即，他們對於以
保守的方式來理解及應用人民主權的做法，是極不滿意的。而代
議民主、間接民主恰恰就是這種保守觀念在政治面向的顯現。進
一步來說，保守地理解及應用人民主權，其實也反映了對“人民”
的疑慮與不信任，由於有所疑慮和不信任，因此才不敢讓人民在
政治過程中扮演過於吃重的角色，而是必須適度地綑綁人民的手
腳，以防其僭越應有的分際。究竟人民應該受到什麼樣的評價與
對待，才稱得上是公道？這的確是一個複雜的問題，我們在此暫
且予以保留。不過，即使像約翰·彌爾這麼開通而且又不吝於給
予一般人民較大的政治成長空間的人，都還有這樣的疑慮，乃是
不爭的事實。而這種疑慮和不信任的最極端的形態，則是奧蒂加
(Jos Ortega y Gasset)所指稱的“群眾的反叛”，「當今的世界正
因爲…顯現在令人驚異的群眾的反叛的一種沈暗的道德崩解而蒙
受苦難」（註31），在奧蒂加看來，群眾的反叛就是群眾的不接
受自身的命運，並要去反抗其自我（註32），要去攫取不應屬於
他們的位置，要去享有原先只能由少數秀異份子所享有的樂趣。
再者，姑且不談奧蒂加這一類的極端見解，至少在熊彼得身上也
很容易嗅到這種疑慮的氣味，熊彼得不忘提醒他的讀者，典型的
公民在進入政治領域之後，他整個的心智水平就降低了，他就受
制於不理性的偏見，「他就再度成了一個原始人。」（註33）
　　而不能滿意於保守的人民主權觀、並試圖進一步貫徹人民主

權之內涵的人士，雖然不是說就傾向於去美化或過高地抬舉一般
人民的能力，但他們對此一問題的觀察方式顯然是和熊彼得等人
有所不同。在"理想型民主"的倡導者之中，則以班傑明‧巴薄
(Benjamin Barber)對此一問題的剖析最為深刻。在巴薄看來，西方
世界現有的自由主義民主（在本文的脈絡裡，這應可被等同為本
文所稱的程序民主），只是一種"薄型民主"(thin democracy)，
亦即，是一種不敢大步向民主邁開，而是大幅地、戒慎恐懼地限
制人民的參與空間的民主形式。薄型民主同時反映了一種特定的
政治觀和一種特定的人性心理學。這項政治觀就是：「政治乃是
為經濟人(homo economicus)而服務的慎慮(prudence)，而經濟人則
是物質幸福與身體安全的孤獨的追尋者」（註34），再者，在這
種理解底下，公民們彼此之間並不被假定為朋友，而是被假定為
對手，其結果乃是「以將人們相互離立的方式，而不是使他們相
互聚合的方式，來構築人類關係」（註35），因此，這項政治觀
乃是一種「戴著社會面具的原子論」（註36）。此外，薄型民主
所預設的人性心理學則是「人是孤單的，我們以孤獨的陌生人的
身分出生在世上，做為疲倦的異鄉客而過活，並且在驚恐的寂寥
之中死去。」（註37）而孤單的人不大能信任他人，不大能確定
他人可能有的善意或合作協調的意願，因此，政治最主要地就只
能被設想為個人生活空間的確保與防衛，而民主做為一種有限的
政治方法，就是這種觀點之下的產物。

　　對巴薄而言，民主的未來與民主的真正的動能的展現，只能

寄望於"強型民主"(strong democracy)，亦即，只能寄望於以更廣泛及更深層的參與爲基礎的"公民的自治社群"(self-governing community of citizens)這樣的理念（註 38 ）。強型民主是「公民的自治，而非以公民的名義行之的代議政府」，在巴薄看來，任何的政治社會都必然存在著各種內在衝突，但弱型民主只能去消除、壓制或容忍衝突，相反地，強型民主則能夠去轉化衝突，「強型民主能夠將諸種不同意見轉置爲一種相互主義的場合，並將私人利益轉化成公共思考的知識論工具。」（註 39 ）無疑地，巴薄的這種樂觀的判斷，與其說是來自於經驗觀察，毋寧說是他對於強型民主所可能達成的理想境界的想望。而他之所以能夠抱持這樣的想望，則是因爲他假設了公民們除了有著各自的利益考量之外，只要得到鼓勵親自參與的客觀條件的配合，他們就能夠在彼此的溝通、協商、折衝之中醞釀出共同感與群體意識，從而使個我在不被取消的前提下，得以更積極地融入群體之中。這樣的假設也使得巴薄要去主張政治判斷(political judgment)只能來自於共同的行動，而不是來自於任何個人的獨自的思考，「從私人意見到政治判斷的歷程，並非依循著從偏見到真正的知識這樣的路徑，它是從孤寂邁向社會性(sociability)。」（註 40 ）因此，強型民主才是最能夠活絡政治判斷以及最能夠窮盡公民的內涵的一種體制，「關於公民的最重要的事實是，他們是由在一個政治社群裡的成員身分所界定的，只有當他們到達了和其他公民以相互主義式的(mutualistic)方式和共通的方式進行互動這個程度，他們才能

體現他們的公民認同。」（註 41 ）

　　除了巴薄之外，其他如顧爾德(Carol Gould)、蓓特曼(Carole Pateman)等人，他們的論述方式及討論的深度雖然和巴薄不盡相同，但總的來說，在要求深化人民主權的內涵這個立場上，則是相一致的（註 42 ）。而從現有的這類主張來看，深化的途徑主要有社區民主、草根民主、產業民主、校園民主、公民投票、政黨的黨內民主，以及一切能夠使公民或社會次級團體的成員們更深入地參與決策過程的改革措施。其目的皆在於擴大及豐富參與的渠道與空間，皆在於為現有的間接民主的格局注入更多的直接民主的成份。在這裡，我們的興趣並不在於討論這些深化的途徑的細部內容，我們要指出的是，代議民主或程序民主觀所設想的公民身分以及所抱持的對於人的觀念，的確和參與式民主所設想者有著極大的不同。維根斯坦的眾多雋語當中，有這麼一句：「我發覺去看清恰恰就在我眼前的東西，是多麼難啊！」（註 43 ）這或許正是我們目前的處境。不過，換個角度來說，這裡所涉及的問題並不適合用絕對的對或錯來加以衡量。這裡所涉及的是兩種在性質上有著明顯不同的群體生活的圖像。代議民主所構想的群體生活圖像，是以離立的(separated)個人做為基本單位，他與陌生人之間的連繫或互動並不被摻入任何友誼的成分，多數決的作用乃是不同的離立的個人的不同的利益之間的權宜的（但必須被服從的）裁決，相反地，參與式民主所構想的群體生活圖像，一方面當然也是從個人出發，但在另一方面則或多或少寄希望於亞里斯多德所謂的"政治上的友誼"（或譯政治情誼；political friendship)。這指的是雖然每個人的意見會有所不同，每個人對同一件事的見解會有所差異，但大家都對公共事務表現出"同心" (homonoia; concord)，亦即大家都在情感上覺得與同一件事有關，大家都願意去經營共同的生活，在亞里斯多德看來，同心可謂就是政治上的友誼（註 44 ）。這種友誼雖然在親密性上比不上朋友之間的友誼，但仍不失為結合人們的有效的黏劑。

更進一步來說，當代的社群主義者(communitarians)對自由主義的批評或內省，亦可在這個問題上得到部分的意義的顯現。大體而言，社群主義者可謂是自由主義陣營中的激進左派，但又沒有左到足以被稱為社會主義者的地步（註 45 ）。社群主義者並沒有要整個推翻自由主義的樓房，但他們對於過當的個人主義（或者說原子論）則頗為疑慮，個人絕不可能在一個抽空的背景之中獨自進行意義的創造，個人所身處的歷史系絡始終都是他的意義創造過程的重要的形塑力量，麥金泰爾(Alasdair MacIntyre)這麼寫道：「我絕不可能僅僅只以做為個人的身分而去追尋善和德性的踐履‥‥不僅不同的個人生活在不同的社會情境之中，而且我們都是以做為一種特定的社會認同的背負者這樣的身分而去趨近我們自己的情境。我是某某人的兒子或女兒，某某人的表兄弟或伯叔；我是這個或那個城邦的公民，我是這個或那個行會或職業的一份子；我屬於這個氏族，那個部落，這個民族。因此，什麼對我是好的，也必須是對處於這些角色的人來說是好的。這樣，我從我的家庭、我的城邦、我的部落、我的民族的過去之中，**繼承**了諸種債務、傳承、正當的期望和義務。這些構成了我的生命的既定部分，以及我的道德的起點。這是給予我的生命以獨有的道德特殊性的部分原因。」（註 46）其實我們從移民在新的環境所面臨的調適難題，亦不難體會麥金泰爾之所指，移民的基本難題可謂是系絡的失落，他（或他們）離開了舊有的系絡，但還未能融入新的系絡，有些人甚至終其一生都無法融入。因此，雖然身在溫哥華或紐約，心裡卻不時懷想著台灣或香港的那個異時空的舊系絡，從而在落日餘暉之中，任由回憶牽引淌下落寞的淚水。

另一位社群主義者查爾斯‧泰勒則強調，完整的個人認同的建立，不可能和一個人所身處的社群的其他成員完全無涉，「一個人不可能獨自地成為一個自我，只有和特定的對談者(interlocutors)相關聯，我才會是一個自我⋯一個自我只存在於我稱之為"對談的網絡"(webs of interlocution)之中。」（註 47）泰勒一方面要指出自我(the self)的社會性，另一方面則憂心於原子論對個人的過當的側重，他當然不否定個人主義的光明面及其所達成的歷史成就，但是，「個人主義的陰暗面就是聚焦在自我這個點上，這既單調化了也窄化了我們的生命，並使我們的生命在意義上更形貧乏，同時也更不考量到他人或社會。」（註 48）而在泰勒看來，原子論式的政治社會觀如果大行其道，則其後果將十分嚴重，「一個分裂破碎的社會，就是一個它的成員們愈來愈難以將他們的政治社會認同為一個社群的社會，此一認同的缺乏也反

映了原子論式的視界，在此一視界裡，人們純粹只是工具式地看待社會。」（註49）

如果朝消極的方向理解，則社群主義往往被誇大為集體、傳統及其所隱含的形塑作用的頌揚者，但這樣的理解方式並不能使我們得到多大的益處，因為這些方面早就為保守主義所明確表達，而社群主義顯然不是保守主義的最新形式。應該說社群主義是希望提醒人們重視個人的社會性的一面，是希望提醒自由主義不要完全沈迷於它現有的聲望之中，而忽略了對它自身的陰暗面、危險面的檢討與省思。再者，歸根究柢地說，這類的檢討與省思必須追蹤到自由主義所抱持的人的觀念(conception of the person)，因為此一觀念在最終會影響到自由主義體制的進一步改良的可能性。

我們並沒有說社群主義者都會是參與式民主的倡導者，但我們的確認為參與式民主所要求的人民主權的深化，終究必須仰賴不同於間接民主的對於人的觀念，而社群主義恰恰在這方面能夠給予積極的佐助。這也再度提醒我們，對於人的觀念或人性假設，始終是政治理論（以及其所宣揚的可欲的政治圖像）的內在紛歧的起點。有法國的柏克之稱的梅斯特(Joseph de Maistre)曾謂：「世界上並沒有人這種東西存在。在我有生之年，我見過法國人、義大利人、俄羅斯人等等；拜孟德斯鳩之賜，我甚至知道一個人也可以是個波斯人，但至於"人"，我宣稱我一輩子都未曾見過他；如果他存在，那麼他是不為我所知的。」（註50）這段話原本是要來嘲諷革命者的抽象人的觀念，以及奠基在其上的抽象權利的主張。而現今的政治理論所面臨的局面或許可以說是：人這種東西的確存在，但他的真實面貌、他的本質與可能性，則以不同的方式而爲不同的理論所認知。社群主義的這一波攻勢，以及稍早的參與式民主的訴求，只是再度使這個問題浮上檯面。我們固然承認這種爭論不可能得到最終的裁決，但我們並不因此而認爲這類爭論是無謂的，相反地，它始終是不同的政治理論的說服競爭(competition for persuasion)當中的極其重要的一環。

截至目前，我們大致討論了理想型民主當中的要求深化人民主權的這一分支，接下來我們將轉向要求擴大及深化平等的另一分支。如上所述，程序民主觀雖然只是從特定的程序或政治方法來理解及界定民主，但其背後仍然存在著用來支持這種理解及界定的預設，而平等就是其中之一。賢恩(Amartya Sen)曾貼切地指出：「每一個種已然通過時間之考驗的關於社會安排的規範性理論，似乎都要求某種東西的平等，某種在該項理論裡被視爲是特別重要的東西。」（註51）而我們在前文業已指出，程序民主觀並不純然是一種經驗性理論，因爲它仍然奠基在某些具有價值意含的預設之上，故而仍具有規範性理論的色彩。那麼，用賢恩的範式來說，程序民主觀所要求的又是什麼東西的平等呢？這或許是每一個人的政治地位都是平等的，因此都應該有平等的機會去表達他要選擇哪些人來掌握集體決策權（故而才能說一人一票、票票等值）。

　　但是，主張深化平等的那些理想型民主的倡導者則認為，程序民主觀在實際上所要求的平等是過於浮面而低調的。也就是說，程序民主觀樂觀地認為，只要透過讓每一個公民在選舉出掌握集體決策權的人的過程中擁有平等的表達其意見的權利，就足以彰顯每一個人的政治地位的平等。或者用卡爾・巴柏的觀念來說，民主所隱含的平等指的就是每一個公民對於現任政府能否繼續執政的審判權是平等的。而在主張深化平等的人看來，這無非只是對民主所能促就的平等理想的嚴重的扭曲。這裡的關鍵在於，當我們深入追問為什麼在決定集體決策權的歸屬時，必須採行一人一票、票票等值這種方式（這正是程序民主觀的核心的民主方法），而不是其他的方式。那麼，程序民主觀就必須提出理由，否則就無法正當地主張這種方式。而在我們看來，唯一站得住腳的理由就是類似每一個人的政治地位都是平等的這樣的理由。但是，當程序民主觀不得不跨出這一步，當它必須仰賴這項預設時，這項預設就又反過來吞噬程序民主觀，因為這項預設所要求的平等的深度，遠遠超出了一人一票、票票等值這個水平。而這正是那些要求深化平等的民主理論所強調的要點。

　　必須指出的是，這些平等主義的民主派(egalitarian democrats)並不是要求徹底的結果的平等，而是認為民主做為一種可欲的事務狀態，至少應該包含縮小人與人之間的外在條件的不平等，尤其是不受限制的經濟自由所造成的外在條件的不平等。唯有如此，才不致使政治地位的平等徒具虛名，因為經濟條件的政治轉

化對政治地位的平等來說乃是最具破壞力的。因此，在平等主義
的民主派手中，民主遂從政治面向延伸到經濟面向，而且，經濟
面向的民主也成了政治面向的民主的前件。這類的民主的範圍的
延伸，可以道爾(Robert Dahl)爲代表人物。

　　在道爾看來，現今的資本主義經濟體制由於崇尚私有財產和
經濟自由的神聖性，其結果乃是經濟資源的嚴重不均，從而造成
人民的政治地位在實際上的不平等，「然而，從古至今，幾乎所
有的深思熟慮的民主及共和政府的倡導者，都強烈地強調民主如
何受到經濟資源的不平等的威脅。例如，古典共和主義理論的一
項金科玉律就是，權力與財產傾向於相吻合，因此爲了確保共和
體制所必要的廣泛的權力的分配，財產就必須必然地被廣泛地分
配。」（註 52 ）但道爾並不主張透過強制的手段來實現經濟資源
分配的平等，他建議應該由現行的私人企業過渡到自治企業(self-
governing enterprise)，這指的是由全體職工集體共有以及民主共管
的企業型態。此種企業讓每一位職工都持有股份，都是該企業的
所有人兼職工(owner-worker)，都是該企業的公民，而不再是傳統
的受雇者(employee)，此外，企業的決策都應由全體職工（亦即由
全體企業公民）以一人一票的方式來議定（註 53 ）。由於對深化
平等的要求和渴盼，使道爾甚至認爲我們這個時代的民主的進一
步轉型，應該服膺強型的平等原則(strong principle of equality)，亦
即，一個結合(association)的「所有成員都有充分的資格，無論是
誰，去參與制定對該結合具有約束力並明顯影響成員們的好處或

利益的決策。在任何情況下，沒有任何人會必然比其他人具有更好的資格，因而使其應該被賦予制定集體的及具有約束力的決策的權責。」（註 54）而經濟民主或自治企業乃是強型平等原則的一個現今較爲迫切的實踐面。姑且不論道爾的強型平等原則是否應該被適用於各種性質不同的結合，但不難想見，倘若該項原則被更廣泛地加以應用，則民主社會所呈現的總體景觀，必與程序民主觀所呈現者大異其趣。除了道爾之外，已故的加拿大政治理論家馬克弗森亦強調經濟民主與政治民主的互補性，他所謂的經濟民主指涉著「使一個國家得以達成關於工作、所得及財富的公道分配的經濟體制的安排。」（註 55）很明顯地，他所倡導的經濟民主在涵蓋範圍上要比道爾的構想更爲廣泛。在馬克弗森看來，唯有通過經濟民主來有效改良人類的經濟生活樣式，才能夠使政治民主不致扭曲變形。否則，僅僅只有政治民主，並不足以彰顯一個民主社會的全盤樣貌。

總結地說，理想型民主由於試圖從深化平等及深化人民主權這兩個方面，來進一步展開民主的想像，來進一步勾勒可欲的民主社會的形象，因此，它所理解的民主的獨特之處就在於這些可欲的價值的實現，就在於被深化之後的平等與人民主權所輻聚而成的群體生活樣態。對程序民主觀來說，民主是一種必須被努力捍衛的政治成果（至少對西方民主發達國家而言是如此），但對理想型民主來說，民主則還是一種仍待奮力追尋的社會理想。

以現今世界的民主實踐來看，居於主流地位的顯然是程序民主。在本世紀已步入尾聲階段的西方民主發達國家,其所體現的仍然是以間接民主爲基核的程序民主,理想型民主依舊只是少數人士的激越的吶喊與想望,或者只在非常有限的範圍裡得到部分的實現。至於非西方世界的民主浪潮,則仍以程序民主的妥善確立爲急務,並且還需不時防範此一進程的反逆。而我們要指出的是,不論是程序民主或理想型民主,倘若其公民普遍缺乏在德性上勉力求進的自覺,則其民主必難以完善,尤其理想型民主更是如此,這是因爲愈是要給予人民在更多的公共場合進行商議(deliberation)的空間,從而使人民踐履更積極的作用(註 56),就愈不能忽視人民的品質。在本章我們從理論面探討了民主的內在歧異,在下一章我們將著眼於當前的民主實踐所浮現的與公民的角色及品質有關的問題。

註　　釋

註 1：引自 Patricia Curd ed., *A Presocratics Reader*, Indianapolis: Hackett, 1996, p.107.

註 2：St. Augustine, *The City of God*, trans. by Henry Bettenson, Harmondsworth: Penguin, 1984, bk. V, ch. 17, p.205.

註 3：King James VI and I, "Speech to Parliament of 21 March 1610" in his *Political Writings*, ed. by Johann Sommerville, Cambridge: Cambridge University Press, 1994, p.181. 對詹姆士一世的思想背景的深入分析，可參閱 J. H. M. Salmon, "Catholic Resistance Theory, Ultramontanism, and the royalist Response, 1580-1620" in J. H. Burnes ed., *The Cambridge History of Political Thought, 1450-1700*, Cambridge: Cambridge University Press, 1991, pp.219-253, esp. pp.247f.

註 4：Samuel Huntington, The Third Wave: Democrati-zation in the Late Twentieth Century, Norman: University of Oklahoma Press, 1991, pp.21-26.

註 5：均衡式民主(equilibrium democracy)最早係由馬克弗森(C. B. Macpherson)所提出，詳見 C. B. Macpherson, *The Life and Times of Liberal Democracy*, Oxford: Oxford University Press, 1977, ch.IV; 另見拙著，《馬克弗森》，台北：東大圖書公

司，一九九三年，第一〇八至一一四頁。

註 6： Joseph Schumpeter, *Capitalism, Socialism and Democracy*, New York: Harper Torchbooks, 1976, pp.250ff.

註 7： Ibid., p.269.

註 8： Anthony Downs, *An Economic Theory of Democracy*, New York: Harper Collins, 1957, pp.23-24.

註 9： Norberto Bobbio, *The Future of Democracy*, Cambridge: Polity Press, 1987, p.24.

註 10： Brian Barry, *Democracy and Power*, Oxford: Clarendon Press, 1991, pp.11 & 54.

註 11：以盧梭為分析對象的關於從數量的優勢推導出質量的優越性所涉及的困難，可參考拙文，＜民主與個人自主性＞，收於張福建、蘇文流（編），《民主論理：古典與現代》，台北：中研院中山社科所，一九九五年，第二八八至二八九頁。另外，江金太對此一問題的深入分析，可參考氏著，＜再論盧梭：自然人與社會人＞中之第十七節，該文係收於氏著，《歷史與政治》（增訂版），台北：桂冠圖書公司，一九八七年。

註 12： Karl Popper, *The Lesson of This Century*, London: Routledge ,1997, p.83.

註 13： *Ibid.*, p.70.

註 14： *Ibid.*, p.71.

註 15 ： *Ibid.*, p.85.

註 16 ： *Ibid.*, p.83.

註 17 ： *Ibid.*, p.84.

註 18 ： *Ibid.*, p.71.

註 19 ：我們指的是盧梭在《社會契約論》裡，對英國人的自由的嘲諷，見 Jean-Jacques Rousseau, *The Social Contract*, trans. by Maurice Cranston, Harmondsworth: Penguin, 1968, bk.3, ch.15, p.141.

註 20 ： Karl Popper, *In Search of a Better World*, London: Routledge, 1992, p.156.

註 21 ： Idem.

註 22 ： Jean-Jacques Rousseau, *Reveries of the Solitary Walker*, trans. by Peter France, Harmondsworth: Penguin, 1979, p.73.（引句出自第四次散步）

註 23 ： Thomas Hobbes, "The Verse Life" 收錄在 Hobbes, *Human Nature and De Corpore Politico*, ed. by J. C. A. Gaskin, Oxford: Oxford University Press, 1994, pp.254-264, see p.254.

註 24 ：此語借自 Jack Lively, *Democracy*, Oxford: Blackwell, 1975, p.108.

註 25 ： Thomas Paine, *Rights of Man*, Harmondsworth: Penguin, 1984, p.177. 此外，對佩恩的代議政府觀的深入分析，可

參考 A. J. Ayer, *Thomas Paine*, London: Faber and Faber, 1988, pp.94f.

註 26 ： Paine, *Rights of Man*, p.184.

註 27 ： John Stuart Mill, *Considerations on Representative Government* in Mill, *Three Essays*, with an introductioin by Richard Wollheim, Oxford: Oxford University Press, 1975, ch.3, p.198.

註 28 ：詳見 Dennis Thompson, *John Stuart Mill and Representative Government*, Princeton: Princeton University Press, 1976, chs.1&2. 另可參考 Wendy Donner, *The Liberal Self: John Stuart Mill's Moral and Political Philosophy*, Ithaca: Cornell University Press, 1991, pp.198f.

註 29 ： Mill, *op. cit.*, p.259.

註 30 ：早年的彌爾指的是一八三五年發表＜政治代表原理＞ ("The Rationale of Political Representation") 一文時的彌爾，在該文中，彌爾主張委任代表觀，並分析命令代表觀之不當，參考 Thompson, *op. cit.*, pp.112-113.

註 31 ： José Ortega y Gasset, *The Revolt of the Masses*, New York: W. W. Norton, 1932, p.181.

註 32 ： *Ibid.*, p.116.

註 33 ： Schumpeter, *op. cit.*, p.262.

註 34 ： Benjamin Barber, *Strong Democracy: Participatory Politics for a New Age*, Berkeley: University of California Press, 1984, p.20.

註 35 ： *Ibid.*, p.21.

註 36 ： *Ibid.*, p.68.

註 37 ： *Idem.*

註 38 ： *Ibid.*, p.117.

註 39 ： *Ibid.*, p.151.

註 40 ： Benjamin Barber, *The Conquest of Politics: Liberal Philosophy in Democratic Times*, Princeton: Princeton University Press, 1988, p.199.

註 41 ： *Ibid.*, p.200.

註 42 ：參看 Carol Gould, *Rethinking Democracy*, Cambridge: Cambridge University Press, 1988; Carole Pateman, *Participation and Democratic Theory*, Cambridge: Cambridge University Press, 1970.

註 43 ： Wittgenstein, *op. cit.*, p.39.

註 44 ： Aristotle, *The Nicomachean Ethics*, trans. by David Ross, Oxford: Oxford University Press, 1925, 11672-11676, pp.231-232.

註 45 ：我們當然承認，對社群主義者在意識型態光譜上的位置做這樣的概括，的確有些冒險。但這樣的概括仍然找得到贊同者，例如 Amy Gutmann, "Communitarian Critics of

Liberalism" in Shlomo Avineri and Avner de-Shalit eds., *Communitarianism and Individualism*, Oxford: Oxford University Press, 1992, pp.120-136. 尤其，葛雷(John Gray)的評斷更是直接：「現今的社群主義思潮頂好是被理解成一種對於自由主義理論的改革。」（見 Gray, *Endgames: Questions in Late Modern Political Thought*, Cambridge: Polity Press, 1997, p.80).

註46：Alasdair MacIntyre, *After Virtue*, second edn., Notre Dame: University of Notre Dame Press, 1984, p.220.

註47：Taylor, *op. cit*, p.36.

註48：Charles Taylor, *The Ethics of Authenticity*, Cambridge, Mass.: Harvard University Press, 1991, p.4.

註49：*Ibid.*, p.117. 另可參考 Charles Taylor, "Atomism" is his *Philosophy and the Human Sciences*, Cambridge: Cambridge University Press, 1985, pp. 187-210.

註50：Joseph de Maistre, *Considerations on France*, trans. by Richard Leburn, Cambridge: Cambridge University Press, 1994, p.53.

註51：Amartya Sen, *Inequality Reexamined*, Oxford: Clarendon Press, 1992, p.12.

註52：Robert Dahl, *Democracy and Its Critics*, New Haven: Yale University Press, 1989, p.333.

註 53 ： Robert Dahl, *A Preface to Economic Democracy*, Berkeley: University of California Press, 1985, pp.91f. 另見 Dahl, *Democracy and Its Critics*, p.332.

註 54 ： Dahl, *Democracy and Its Critics*, p.98. 另見 p.31.

註 55 ： C. B. Macpherson, *The Rise and Fall of Economic Justice*, Oxford: Oxford University Press, 1985, p.35. 另參考拙著，《馬克弗森》，第五章，第一節。

註 56 ：關於商議式民主(deliberative democracy)的構想，可參考 James Fishkin, *Democracy and Deliberation*, New Haven; Yale University Press, 1991; David Miller, "Deliberative Democracy and Social Choice" in David Held ed., *Prospects for Democracy*, Cambridge: Polity Press, 1993, pp.74-92; John Brunheim, *Is Democracy Possible ?*, Cambridge: Polity Press, 1985. 商議式民主可謂是本文所稱的理想型民主的一個次級類型，它特別注重讓人民或人民的代表(這類"代表" 係以意見取向或職業身分來分類選出或擇取，因此不同於現今的民主國家的各種選舉制度所選出所代表)，透過詳盡的討論和協商，來獲致一致的決議或共識。

第四章　民主公民的可能性

　　還未嚐到民主的果實的人，往往傾向於美化此一果實的甜美芬芳；但嚐過此一果實之滋味的人，卻又或多或少會抱怨它的苦澀或口感的過於大眾化。這種抱怨並不必然意味著對民主的否定，應該說更多地是希望求其更為完善，故而這種抱怨也可能帶有某種反抗的成分。已故的美國影星詹姆士·狄恩(James Dean)的銀幕形象，曾被形容為"無因由的反抗"(rebel without a cause)；而英國哲學家羅素(Bertrand Russell)的一生，則曾被形容為"無歇止的反抗"(rebel without a pause)。如果要做比擬，那麼，這種抱怨裡的反抗成分或許更接近無歇止的反抗，亦即，一種為了使政治生活更臻良善的無歇止的對現狀的反抗。

　　當然，民主肯定有其值得被歡呼之處。《印度之旅》等書的作者福斯特(E. M. Forster)曾謂：「那麼，為民主歡呼兩聲：第一聲是因為它容許多樣性，第二聲則是因為它容許批評。歡呼兩聲就很足夠了，沒有理由歡呼三聲，只有"愛"這一至愛之國才值得被歡呼三聲。」（註 1 ）福斯特的專業並不是政治研究，他所理解的民主可謂是我們在上一章所稱的程序民主，而如果做為我們這個時代的民主實踐的主要形式的程序民主只能被歡呼兩聲（我們當然承認這兩聲是具有深刻意義的兩聲），這至少也反映了它還可以被苛求、被挑剔。因此，除非是像卡爾·巴柏那樣衷心地以西歐、北美及澳紐等地的現有的民主體制爲滿足（註2），否則，我們寧願只爲當今的民主歡呼兩聲，並保留繼續苛求和挑剔的權利。但首先讓我們先從民主的最偉大的批評者柏拉圖談起。

第一節　柏拉圖的反民主的啓示

就感情上來說，柏拉圖是不會樂於爲民主而歡呼的，他不願意如此做的理由雖然不一定被贊同，但他的理由可一點也不卑鄙，相反地，應該說還帶著幾分不願讓崇高永遠沈淪的悲壯和惆悵。固然卡爾‧巴柏曾經極其深沈地提醒了柏拉圖的危險性，但僅僅只是負面地理解柏拉圖，並不是從柏拉圖那裡得到完整的啓發的最佳方式。

柏拉圖政治思想的核心原則可謂是 "適材適所的專業分工原則"，這指的是一個理想的社會、一個正義的社會，應該是讓每一個人都去從事或履行適合他的本性的工作或技藝。對個人而言，唯有去從事合乎一個人的本性的工作，他才最能夠盡情發揮，並從中得到最大的樂趣；對社會來說，由於每一個人都在適合他的崗位上履行他的功能，當然能夠展現最大的效能與和諧。因此，柏拉圖可以說是最早提倡勞力分工的人。不過，值得注意的是，亞當‧斯密(Adam Smith)等古典經濟學家之談論勞力分工的好處（註3），或者泰勒(Frederick W. Taylor)以降的科學管理論者之強調勞力分工，都是著重在效率、生產力或相對優勢(comparative advantage)，亦即，都是以物質生產能力的增強為著眼點。而柏拉圖的適材適所的事業分工原則，則主要考量的是每一個人所從事的工作或履行的技藝是否和他的本性相契合，也就是說，專業分工必須服膺適材適所的要求，分工的判準則在於每一個人的本性，或者更明確地說，在於繁複的教育過程的試煉中所顯現出來的每一個人的本性。相形之下，那些以效率、生產力為首要考量的勞力分工的主張，每一個人的分工位置的判定，都脫離不了他在生產關係裡所處的地位，亦即，在很大的程度上都取決於他是否擁有生產工具。要言之，這裡至少隱含了兩項根本的差異：第一，柏拉圖所談的是以整個社會的功能配置為範圍的勞力分工，而不是範圍較小的經濟面向的勞力分工；第二，柏拉圖的分工的判準只考量個人自身的內在條件，而不考量因為各種原因（例如財產的繼承）而附屬於個人身上的外在條件。

　　柏拉圖深信，在一個理想的國家裡，每一個人都應該有一項符合他的本性的專業(expertise)，「每一個人都必須在國家裡履行一種最適合他的本性的職務」（註 4 ），這也是彰顯一個人的價值和他的社會功能的唯一方式。而民主之所以不能令人贊同，就是因為它不尊重專業。當我們想要造一艘船，我們請益的對象必是造船匠；當我們生了病，我們想恢復健康就得就教於醫生。因此，令柏拉圖感到困惑並且不能苟同的是，為什麼當時的雅典在任何方面都懂得去尊重專業，唯獨在政治上、在國家的治理上不

是如此呢？爲什麼雅典的公共事務要由多半是不懂得治國之道的
公民們透過多數決來共同決定呢？爲了節省篇幅，關於柏拉圖的
靈魂三分說與國家裡的三種人（智慧的愛好者／護國者，榮譽的
愛好者／輔佐者，物質利得的愛好者／生產者）之間的對應關係，
我們就不再贅述。總之，在柏拉圖看來，國家的管理只能由真正
具有這種專業知識的人來從事。否則，由本性是愛好物質利得的
人來執掌國政或守疆衛土，其後果必不難想見。唯有在適材適所
的專業分工原則的指引下，讓國家裡的三種人各守其分、各司其
職，才能造就和諧而完善的國家，「當三種人在國家裡都各自做
自己分內的事而不互相干擾，便有了正義，並使國家成爲正義的
國家。」（註5）

　　無疑地，柏拉圖的美麗城邦是極其烏托邦式的，如法拉
(Cynthia Farrer)所指出的：「在正義的城邦裡，個人與社會秩序之
間的關係是親密的。實際上，它是如此的親密以致並沒有讓尷尬
得以存在的空間。在試圖達成秩序的自主的個人之間，既沒有政
治，也沒有互動。柏拉圖所描繪的世界不僅僅只是一個適切的世
界，而是一個完美的世界，一個精確地反映了和確保了每一個人
的真實利益與內在潛能的世界。所有的介於理性與欲望之間的衝
突，以及介於真實的與感知的利益之間的衝突，都被排除掉。」
（註6）民主政治向以公民彼此之間的平等以及公民所享有的自
由爲傲，這也是佩里克里斯歌頌雅典的重要理由，但對柏拉圖而
言，「自由並不是統治自己，而是被理性所統治。因爲所有的人

都臣服於理性的統治，因此，所有的公民在本質上都是相類似的，都是朋友。」（註7）

　　但如柏拉圖的研究者所周知，此一正義的國家若要被實現，還必須仰賴諸多前提，例如：⑴絕對真理必須是存在的。⑵教育過程必須能夠培育出、篩選出能夠真正領悟絕對真理的人，亦即能夠真正認識包括善的形式在內的所有的形式的人。⑶在教育過程的各個篩選階段，被淘汰的人能心悅誠服地守分、認分、不越分。顯而易見，這些前提基本上都是極具爭議性的，都很難不激起不同的評判。即使柏拉圖自己對此一正義的國家能否被實現也不無疑惑，他之撰寫明顯遷就現實的《政治家》和《法律篇》，即是明證。不過，柏拉圖顯然認為這種理想國度的描繪，絕對不是毫無價值的，他透過蘇格拉底之口這麼反問：「那麼，如果一位畫家畫一幅一個理想的美男子的畫像，並且未曾忽略使這幅畫像成為完美的任何細節，而只是因為他無法證明這樣的人在實際上能夠存在，難道他就會因此而成為一個最差勁的畫家嗎？」（註8）我們認為安娜絲(Julia Annas)對此的評斷是值得參考的，那就是「柏拉圖並不是要我們把《理想國》當做一部令人愉悅的幻想作品來讀，而是當做用來影響我們該如何生活的作品來讀，因此之故他必須去指出，正義的城邦、良善的人所組成的社會，在原則上並不是不可能的。」（註9）

　　然而，即使正義的國家能夠被實現，某些論者也仍然要猛烈抨擊這種國家的可欲性。這些批評的重點不外乎是柏拉圖是在構築一個扼殺人們的個性與自主性的封閉社會，是在虛擬一個抗拒變遷並且試圖消除所有的衝突的烏托邦，是深陷在對人類理性能力的過當崇拜的建構主義式的理性主義(constructivist rationalism)的泥沼之中，是執迷於罔顧偶然性之不可避免並且不懂得以有限的政治(limited politics)為滿足的揭示性政治論述(demonstrative political discourse)的歧路之中（註 10）。我們當然承認，這些批評的論點是極其嚴肅而且有著高度參考價值的。而在約莫二千三百年之後，柏拉圖仍能引起這麼大的批評與注目，顯見他所涉及的問題的關鍵性。

再者，我們特別要指出的是，的確，柏拉圖對於理想國家的擬想，是起源於他對民主政體的質疑與不滿，然而，他對民主的弊病的診斷和他對美麗城邦的擬想，是可以被分開對待的。也就是說，不管柏拉圖的美麗城邦的擬想能否被接受，甚至不論他有沒有提出此一擬想（事實上他當然是提出了，而且是以鉅細靡遺的方式來提出），這都不妨礙他對民主的批評與診斷之成為一項獨立的命題、一項可以被單獨對待的論述。因此，即便有再多的對於柏拉圖的美麗城邦的疑慮和憂懼，也不能阻絕我們去從柏拉圖對民主的診斷中得到啟發和提醒。那麼，柏拉圖所傳遞給我們的主要訊息又是什麼呢？我們想從兩方面來加以說明。

第一，民主所著重的是每一個公民對公共事務的意見表達權和決策權（這在雅典的直接民主體制中表現得遠較現今的代議民主體制更為明確），但這類權利並不保證意見或決策本身的品質。

因此，民主的決策也可能是極不明智的或在理性上很難被合理辯護的決策。這裡所涉及的爭論焦點乃是：究竟是讓每一個公民的聲音都可以傳達出來並且成為決策的依據較為重要，還是能夠制定出合理的決策較為重要？柏拉圖顯然是認為後者才真正是重要的。但在民主呼聲高漲的今日，在民粹主義蔚為洪潮的現今，越來越多的公民有話要說，並認為剝奪他們的發聲權是最不能被容忍的事。我們絕對承認公民必須有此權利，同時這也是民主的必然結局（其進一步的發展或許將會是各種較有品質的權威的逐漸弱勢化，以及各種更平民化的品味的不斷興起並取得主流地位），但越是在這樣的背景下，我們才更有必要回味柏拉圖關於專業知識的重要性的提醒。否則，約翰・彌爾所憂心的集體的平庸，恐怕就會顯得越來越真確。也就是說，既然群眾的躍起已是大勢所趨，我們的確也應該思考如何減低群眾的躍起所可能付出的品質滑落的代價。無論如何，如果品質的問題不再是人類社會所關注的重要課題，那麼，我們實在也沒有勇氣去為那樣的狀態來喝采歡呼。

　　第二，柏拉圖所提問的基本問題當然是"誰應該統治"這樣的問題，雖然卡爾・巴柏對這樣的提法極不苟同，但我們認為此一問題終究是任何政治社會所無法迴避的問題。倘若如巴柏所認為的，民主的基本特徵只在於可以用不流血的方式來撤換其政府，就只在於人民對現任政府的去留的審判權（見第三章第一節），這等於完全將"如何決定由誰來掌握集體決策權"的問題置之不顧，或視為是不具有特殊重要性的問題。一個明顯的事實是，在人民得以去審判現任政府之前，必須先行確定政府該如何產生。而依照巴柏的論點，政府如何產生並不關係到一個政治社會的民主與否，但這種從消極面來理解及界定民主的方式，顯然是不夠完善的。事實上，現今的民主實踐仍然是以解決誰應該統治的問題為基點而層層展開的，其所採行的方式一般而言乃是由能夠獲得最多公民支持者來取得統治地位。不過，從二次戰後的民主選舉經驗來看，這其中所牽涉的令人關注的問題卻為數不少，例如選舉過程中的候選人形象包裝的重要性逐漸凌駕在實質政策主張之上；為了達到宣傳造勢的效果往往以極其簡化的口號來表述，從而嚴重化約了議題本身所涉及的複雜內容；競選開銷不斷提高（尤其在容許進行電視競選廣告的國家，例如美國，更是如此）（註 11），使選舉競爭越來越像是有錢人的權力競逐的遊戲，或者使政治捐獻的取得顯得黑幕重重；用來獲取選票的競選承諾在選後的難以被兌現……等等。總之，民主政治的選舉競爭的確日益接近熊彼得所稱的政治市場裡的以爭取人民的選票為主軸的行銷作戰；圍繞著選舉而展開的政治活動愈來愈透顯出商業化的性格，企圖取得統治權的個人或政治團體（企業家），其一切作為（生產及銷售活動）莫不以打動選民（消費者）的脾胃為最高指導原則。更嚴重的是，“消費者”也只能在數量有限而且也不盡令人滿意的諸種“商品”之中進行消費選擇，或者拒絕消費並默默忍受由少數“企業家”去操控市場的走向，從而讓這

樣的走向又回過頭來限制下一波的消費的可能性。而在這個面向
上，柏拉圖能夠給予我們的啓示或許是，如果人民的直接統治在
現今有其事實上的困難，因此必須由某些人在人民的授權之下進
行統治，那麼，我們實在不能對這些民主選舉所產生的統治者寄
予過高之期望，因爲他們只是政治市場的競爭的勝利者，他們絕
不是哲君般的人物，「民主…並不在意它的政治人物的品性和背
景究竟爲何，只要政治人物能使自己成爲人民之友，他們就會受
到尊崇。」（註 12 ）或許，即使有哲君般的人物存在，他們可能
也難以在商業化的競爭之中存活並脫穎而出。柏拉圖將民主政治
鄙夷爲一種諂媚(flattery; kolakeia)的政治，在今天來說，我們在肯
定民主的正面價值之餘，似乎也應該深入思考政治市場競爭與諂
媚之間的弔詭性。

　　要言之，柏拉圖當然不是民主的頌揚者，但至少他可以協助
我們看清民主的本質以及它先天上所受到的限制。唯有對民主所
不可能促就者有更確切的領悟，我們才更易於把握民主所能夠應
允的許諾。

第二節　民主社會裡的公民身分

　　在人類曾經實驗過的諸種政體當中，民主體制是給予公民最
大的政治表現空間的一種體制。政治表現空間的取得，也意味著
公民身分(citizenship)的實質化和充實化。在其他的政治體制底

下，例如君主政體或貴族政體或各種專制體制，公民身分的內容
是極其貧乏的，甚至連公民這個稱呼都顯得不切實際，因為人民
在政治上只是以臣民(subject)的身分而存在。

　　專門研究公民身分的歷史演化的李森伯格(Peter Riesenberg)
曾指出，西方歷史上存在著兩種在內容上有著明顯不同的公民身
分。第一種公民身分成型於希臘城邦時代並延續至法國大革命，
第二種公民身分則自法國大革命一直延續至今。第一種公民身分
的產生背景通常是人口不多、人與人之間有著緊密的面對面接觸
的國度（例如古雅典、羅馬共和、文藝復興時代的佛羅倫斯），
而且只有一小部分人才有資格享有公民身分。此一公民身分的核
心要素乃是在法律的範圍之內的自治(self-government within the
law)，這種自治也要求公民們的積極參與、高度的奉獻和公德(civic
virtue)的表現。最明顯的例子就是古雅典只容許公民參與作戰，同
時還得自備武器，而且只有那些努力為公善付出一己之心力者，
才算是好公民。第二種公民身分則是和人口眾多、領土範圍較大
的憲政國家相配套，公民身分的給予乃是以普遍化原則為常規，
而且公民身分也不再像前者那樣包含著對公民的高度要求，公民
主要是以做為一個被動的政治人(passive political person)，來享有
公民身分所隱含的基本權利的保障（註 13 ）。以李森伯格的架構
來說，現今的民主國家裡的公民身分，顯然是屬於第二種公民身
分，接下來就讓我們更深入地探討這種公民身分的真實樣態。

　　如果以非常扼要的方式來回顧近代以降的西方歷史，那麼，

我們似乎可以說，民主國家是由自由主義國家(liberal state)進一步發展而成的。自由主義國家的主要成就是終結了專斷的統治，使統治者不再能夠爲所欲爲，而是必須就其統治作爲向代表人民的國會負責或獲得國會的同意，同時也必須承認人民的某些基本權利，倘若統治者未能有效保障、甚至去侵犯這些基本權利，就是在侵蝕自身的統治的正當性。自由主義國家的理論導師洛克，則進一步去談論人民對於喪失正當性的統治者所具有的普遍的抵抗權（訴諸於天的權利），此一權利乃是對抗專斷的統治的最後防線。但是，自由主義國家所認可的擁有選舉權和被選舉權者，只是人民當中的一小部分人，此外，它所承認的人民的基本權利在內容上仍屬有限。因此，在被排除了選舉權與被選舉權者的不斷抗爭之下，原先的以出生時的身分、財產、教育程度、性別等判準來排除大多數人的選舉權和被選舉權的藩籬不斷被撤除，而且基本權利的內容也不斷被豐富化，同時保障的程序亦更形完善，這就邁向了朝民主國家的過渡。當然，這項過渡的界限是很難被徹底釐清或明確化的；不過，西方民主國家始終帶著自由主義國家的歷史烙印，因而才有自由主義民主(liberal democracy)這樣的稱法。在某個程度上來說，非西方國家的民主經驗之所以有著較多的波折和頓挫，或多或少都和缺少了自由主義國家這一段歷史歷練有關。

如上所述，民主體制的主要特徵就是給予了公民更大的政治表現空間。但我們要指出的是，自由主義民主的形塑歷程也限定了公民的意涵和公民身分的性質。在公民身分的研究上具有劃時代重要性的馬歇爾(T. H. Marshall)曾謂：「公民身分是授與一個社群的完整成員的一種地位(status)，所有具有此種地位的人在由這項地位所賦予的權利和責任上都是平等的。」（註 14 ）馬歇爾一方面指出了公民身分所具有的平等這項性質，另一方面則突出了公民身分與權利的關聯，亦即，公民就是權利的擁有者。在馬歇爾看來，公民所應擁有的權利就其在（英國）歷史上出現的先後順序來說，包括了公民權利（十八世紀）、政治權利（十九世紀）和社會權利（二十世紀）（註 15 ）。而他特別要強調的則是社會權利（例如失業保險、老人年金、健康醫療保障、國民教育）的必要性，他認爲唯有社會權利成爲公民身分所涵蓋的權利，才可能使公民真正成爲社群的完整而平等的成員。這樣的主張和一九四二年的貝弗里基報告(Beveridge Report)一樣，都反映了社會福利思想在英國的抬碩，而英國在這方面的實驗成果也漸次擴展到西歐及北美，爾後並進一步傳遞到世界其他地區，從而使社會福利的法制化和普及化成爲二十世紀下半葉的一項在爭議之中不斷向前推進的世界性運動。

　　不管馬歇爾所認爲的公民身分所涵蓋的權利的內容是否爲其他論者所接受，他將公民身分視爲是權利的承受單位（亦即，公民乃是權利的擁有者）的見解，可謂精確表明了現今的自由主義民主所體現的對於公民身分的理解。馬歇爾式的公民身分觀又被稱爲被動的公民身分(passive citizenship)或私己的公民身分

(private citizenship)，「因爲它之強調被動的權利資格，以及任何去參與公共生活之義務的缺乏。」（註16）換句話說，公民已不再是像亞里斯多德所認爲的那樣是一個親自去統治同時也被統治的政治動物(zoon politicon)，已不再是政治過程的主動的參與者和介入者，相反地，公民主要是被視爲是在公權力和法律體系的保障底下，而享有諸種權利並得以在他的權利所允許的範圍內自由活動的一個法律人(legalis homo)。在"政治動物"的範式裡，政治活動本身就是一種善，唯有通過參與和他人進行直接互動的政治活動，一個人才能完整地彰顯他做爲一個人的價值和意義。但在"法律人"的範式裡，公民的本質和一個人的存在意義的顯現方式則大爲不同。

根據波寇克(J. G. A. Pocock)的分析，法律人範式最早乃是源自於公元二世紀的羅馬法學家該尤士(Gaius)。在該尤士的法理學體系裡，世界被區分成三個範疇：人(persons)、行動(actions)和物(things)。人在物上作業，人的行動主要是以取得或維持所有物爲目的；通過這些行動以及通過做爲人的行動的主題的這些物件，人與人才彼此相互照面，並進入了某些必須被規制的關係。而在這種理解下，遂誕生了取代政治動物的法律人，從而使公民身分意味著一種對特定物件擁有權利的法律地位（註17）。波寇克進一步指出，「我們可以將西方政治思想史裡的公民身分這個概念的歷史，簡化爲介於亞里斯多德式範式和該尤士式範式、介於理想和實存、介於與他人交相互動的人和通過物件而互動的人之間的尚未完結的對話。」（註18）顯而易見，波寇克所稱的該尤士式的公民身分（亦即法律人範式底下的公民身分），在性質上可謂等同於前面提到的李森伯格所區分的第二種公民身分，但他們兩人對於此一迥別於希臘式的公民身分的出現時間的歷史判斷則相距甚遠（相差了一千多年），此一解讀的差異姑且留待專業的觀念史家去費神釐清。

我們在這要指出的是，從自由主義國家到自由主義民主的這段歷史嬗變，乃是被動的公民身分（該尤士式的公民身分）越來越鞏固、越來越在波寇克所稱的對話中取得上風的歷程。換言之，公民之自治或共同參與公共事務的管理這個面向被明顯地淡化，取而代之的則是公民被視為是內容日漸豐富的諸種權利的擁有者。我們以為，造成這種新形勢的轉化過程與意義可解說如下。

一、自由主義國家的建構從一開始就是以要求統治者承認人民的某些不容侵犯的基本權利為主軸而展開的，這些基本權利也構成了對於統治者的權力的限制，對於專斷的統治的歷史性扭轉。

二、自由主義國家既然以基本權利的保障為其首要之務，就不得不對權力的行使加以嚴格規範，而這也反映了洛克與霍布斯的政治理論的重大不同。霍布斯的主權者雖然是為了確保人們的安全而被共同承認的，但霍布斯一方面只看到了他人可能對個人造成的侵犯和威脅，而未能認清政府本身也可能是威脅個人的來源，另一方面由於霍布斯過高地估計了主權者的善意，亦使他明顯忽視了權力的濫用的問題，而霍布斯所忽略之處正是洛克的著力之處。在霍布斯來說，自然法只能由主權者來做出權威性的解釋，此一權威性的解釋就是主權者所頒布的國法，「偷竊、謀殺、通姦以及各種傷害行為，都是自然法所禁止的，但在一個公民來說，何謂偷竊、何謂謀殺、何謂通姦、何謂傷害，並不是由自然法來決定，而是由國法來決定‥‥並不是每一種殺人都是謀殺，只有國法所禁止的殺人行為才是謀殺，同時並不是所有的和女人的接觸都是通姦，只有國法所禁止的才算是通姦。」（註19）由於主權者所頒佈的國法就是對自然法的權威性的解釋，因此，霍布斯的主權者根本就不可能違反自然法，而在顛覆了傳統的自然法觀念並解除了自然法對主權者的權力的限制之後，霍布斯才能夠去主張主權者的權力是絕對的。

　　但這樣的論述路徑顯然是洛克所反對的，洛克的一項對爾後的自由主義者影響極深的信念是：統治者的權力是必須被防備的。而洛克所主張的防衛機制則是分權，「如果同樣一批人同時擁有制定法律的權力和執行法律的權力，這就會給予人性的弱點以極大之誘惑，使他們傾向於去攫取權力，藉以使他們自己免於服從他們所制定的法律，並且在制定與執行法律時，讓法律符合他們自己的私人好處，從而使他們擁有一種與共同體的其他成員有所不同的利益，而這乃是與社會和政府的目的相違背的。」（註20）洛克的上述意見也

反映了他對人性的某種評價，而進一步在憲政運作的層次上
深化分權與制衡思想的孟德斯鳩，顯然也樂於接收洛克所抱
持的評價，「千古不易的經驗是，任何擁有權力的人都容易
濫用權力，他會一直如此直到他受到限制為止。」（註21）
撇開人性和分權制衡之間的關聯不論，洛克和孟德斯鳩所顯
示的防範權力的濫用的這條主調，已十分清楚。時序進入十
九世紀之後，對於統治權的牽制依舊是政治理論家們所掛念
的問題。如詹姆士・彌爾(James Mill)就認為，統治者「會迫
使人民大眾屈服於他們的權力，至少陷入像西印度群島的黑
人的處境，如果牽制未能以防範的方式來運作‥‥無論政府
是託付給一個人或一小群人，他們不僅會有著與〔成立政府
的〕目的相對立的動機，如果未受到牽制，也會有著使他們
加諸最大的惡的動機。」（註22）總之，在面對統治者的權
力的態度上，歷史的鐘擺無疑是朝向洛克這一方，並逐漸遠
離霍布斯。

三、確立了防範權力的濫用這條主調之後，相應稱的配套要素就
是透過法律來保障人民的基本權利。對此，洛克的立場是極
其明確的，「法律的目的不是廢除或限制自由，而是保護和
擴大自由…哪裡沒有法律，那裡就沒有自由」（註23），「如
果法律被違反並對他人造成傷害，則法律終止之處，即暴政
開始之處。」（註24）再者，法律實證論者邊沁(Jeremy Bentham)
雖然徹底反對洛克式的自然權利這種提法，但他之強調透過

法律來保障權利，則和洛克並無二致，「權利和法律是相關詞，就如同兒子和父親一樣；在我來說，權利係法律之子，不同種類的權利乃是源自於法律的不同的運作；一項自然權利就是一個從不曾有過父親的兒子。」（註25）至此，公民做爲一個"法律人"（或者更明白地說，做爲一個擁有權利的法律人）的形象，不僅在思想陣線上取得上風，同時也在以英國爲先導的政治實踐裡得到具體的落實。而古典式的公民做爲一個在政治過程中彰顯自己的價值的政治動物的見解，則明顯成爲往日的遺跡。

四、更進一步來說，伴隨著這項歷史轉折的重大變化乃是，私人界域與公共界域的分野的明確化。個人的人生目的的滿足與自我實現，已不必然與公共活動或公共角色的履行有關，相反地，它越來越被視爲是私人的事務，被視爲是在私人界域裡各自展開的活動。而私人界域的抬頭當然是與資本主義市場社會的成熟有關，因爲資本主義史無前例地撩動了人類的自利心，並且制度化地提供了揚顯自利心的機制（註26），從而使物質利得(material gains)的追求成爲最蓬勃有力的活動，其結果是私人界域的內容的豐富化。唯有私人界域包含了足夠豐富的內容，才足以有效吸納人類的精力，才能夠使它成爲一個獨立的界域。赫希曼(Albert Hirshman)曾謂：「《國富論》的主要衝擊乃是去爲不受限制的個人自利的追求，確立一個強有力的經濟式的證成(economic justification)」（註

27），換言之，在亞當‧斯密(Adam Smith)看來，如果每一個人都去追求自利，在最終也會爲整個社會帶來經濟上的好處。而隨著亞當‧斯密的學說的擴散，各種形式的禁欲主義遂被壓擠到邊緣地位，追求自利獲得了正當性，私人界域的內在密度大爲提高，相對應地，要求私人界域裡的活動自由之獲得法律保障，也成爲新時代的迫切需求（註 28），因爲人們已經在公共活動之外，找到了足以吸納其精力的新天地。

五、從自由主義國家往自由主義民主的過渡，並沒有改變上述的公民身分的性質，最主要的原因是自由主義民主從一開始就是以間接民主（代議民主）的形式而被確立的。在自由主義民主底下，公民的人數雖然大幅增加，公民所受到的保障雖然更爲具體，但公民身分依舊是被動式的，公民與公共事務之間的關係已經和古典式的公民有著很大的歧異。在這方面，伍德（Elln Meiksins Wood)的下列意見極值得參考，「古典共和主義藉著限制公民體(the citizen body)的規模的方式（就如同雅典的寡頭人士所想做的那樣），解決了擁有資財的精英與勞動大眾之間的問題，而資本主義民主或自由主義民主則透過限制公民體的權力(就如同羅馬人所做的那樣)，來允許公民身分的延伸。古典共和主義所提議的是一個主動的但排他的公民體，俾使擁有資財的階級得以統治勞動大眾，自由主義民主在最終則構想了一個總括性的但大致上是被動的公民體，它同時包括了精英和大眾，但其公民身分在範圍上則是有限的。」（註29）間接民主使公民的權力越來越弱化（相較於古典式的公民來說），公民不再是輪流統治與被統治的公共事務的積極參與者，這也是現代公民在獲得私人界域的保障的同時所付出的代價，其結果是，「“民主”的焦點從人民的權力的主動行使，而被轉移到憲政的及程序的保障和權利的被動的享有，從臣屬階級的集體權力而被轉移到個人公民的隱私權與孤立性。」（註30）值得注意的是，雖然約翰‧彌爾曾極力強調公民參與的重要性，但他終究是在代議政府的格局裡談論參與，這類參與在性質上仍不超出選舉權的行使，仍和古典式的公民有著明顯的差距。

在以上的部分，我們以理念的轉化歷程爲主軸，大致分析了當今民主社會裡的公民身分的形塑軌跡。這項形塑軌跡向我們表明，現今的民主社會裡的公民主要就是被設定爲權利的擁有者，他所身處的政治體制乃是對應著這項設定而被建構的，只是一個公民究竟該享有哪些權利，在現今迄未得到最終的解決（註31）。權利的保障使現代民主社會裡的公民的存在尊嚴攀昇到歷史新高點，這項成就是無庸置疑的，但與此同時，現代公民的處境也暴露了特定的危夷的徵候。讓我們從兩方面來對此進行初步的評估。第一，當公民被定位爲權利的擁有者，當權利的語言成爲政治生活裡的首要的語言，的確更形鞏固了私人界域的完整性，從而使公民得以在受到保障的範圍裡自由進行活動與選擇。相較於人們因為其血統而被剝奪其職業選擇權或社會流動權的時代，相較於人們因為其思想言論而被統治者禁錮凌辱的時代，以權利的語言為張本的新時代，確實大幅改善及導良了人類情境，並有效阻絕了某些可能使人們陷入恐懼狀態的因素的作用。要言之，更完善的權利的保障，在某個程度上也意味著人們的恐懼感的解除；這是對人類的恐懼心理有著深刻洞察力的霍布斯，始終未能看透的道理。回溯地看，我們肯定應該對霍布斯心存感恩，因為他毫不隱瞞地刻劃了恐懼感在集體生活裡的鮮活作用。此外，我們也應該感到慶幸，因為歷史發展的主調（如果我們可以這麼說的話）顯然沒有朝著霍布斯所建議的方向行進。

不過，權利的語言的全面勝利，亦有其隱憂。最明顯的就是，每一個權利擁有者似乎也成了一位專屬於他的壁壘的守護者，而其他的個人也都成了他的潛在的或可能的侵犯者。瓦爾德隆(Jeremy Waldron)曾這麼總結黑格爾(G. W. F. Hegel)對於權利的看法：「去主張一個人的權利就是去拉大自己和此項宣稱所針對的那些人之間的距離，就是去宣告…敵意的序幕，以及去認定家族關係、情感和親密性等等這些較為溫馨的連結，已不再有效。」（註32）我們絕不否認權利的積極性，我們也不敢輕侮以歷代人的鮮血灌溉長成的權利之花，但我們以為僅僅只仰賴權利的語言本身並不足夠。權利雖然是一種可貴的背景保證(background guarantee)，同時也可以做為開展人與人之間的新關係的基礎（註33），然而，它在人與人之間的互動中終究起的是離散的、拉大彼此的距離的作用（註34），權利的語言的普遍化必須付出此一代價，應該是十分清楚的事實。而既然權利的保障是一個人道的文明社會所不可或缺的要素，但講求權利又可能使個人和個人之間、團體與團體之間顯現出情感的距離，並降低彼此的親和性，因此，彌補之道似乎就在於社會成員的品質的提高，更明確地說，就在於社會成員的德性自覺的喚醒。而當我們這麼主張時，我們並不是要以德性或善的語言來徹底取代權利的語言，而是要來強調以前者來補充後者的重要性。此外，同樣是談論社會成員的德性自覺的重要性，在古希臘的背景下以及在現今的背景下進行談論，其意義是截然不同的。現今的成熟的民主社會並不會像古雅典那樣容許陶片放逐制度(ostracism)（註35），也不會有人由於類似蘇格拉底的作風而被判處死刑。這裡所反映的差異是，現今的成熟的民主社會給予其公民以基本權利的保障，因此，在這種情境下談論德性，實在不必讓當代的某些自由主義者過於慌張。

　　第二，當前的民主體制裡的公民雖然被定位為權利的擁有者，但對絕大多數的公民來說，在他所享有的政治權利當中，真正具有實質意義的可謂就是選舉權。通過這項權利，公民們得以決定整個社會的集體決策權的歸屬，或者以熊彼得的用語來說，正是因為公民們享有此項權利，才使得他所謂的民主的方法成為可能。但我們必須注意的是，選舉權終究只是使公民們選擇他們要接受誰的統治（倘若以卡爾‧巴柏的觀念來說，則選舉權只是給予公民們以機會來決定是否要繼續接受現任統治者的統治，詳見第三章第一節）。換句話說，在現今的代議民主體制底下，選舉權乃是一種以主動的形式來表現的被動性，選舉權讓公民得以選擇（主動的形式）由誰來統治他們（被動性）。而批評者可能會說，除了選舉權之外，每一位公民在理論上也都還擁有被選舉權，也都是潛在的統治者或統治者的候選人。既然此一機會已經被給予，那些自願放棄或不行使此項機會者，並不能因此而埋怨他們所陷入的被動的處境。

我們承認，這樣的說法有其一定程度的合理性。但如同古雅典人所明確認識到的，一個公民和一個奴隸的基本不同在於，公民可以去過他想過的生活，奴隸則無此可能。而要讓一個人能夠去過他自己想過的生活，只有兩種選擇。一種是不被任何人所統治，但這在實際上很難被實現；另一種較為合乎實際的選擇則是輪流去統治和被統治。但古雅典人早就看出，選舉並不是實現輪流去統治和被統治的恰當方式，因為選舉幾乎肯定由富人佔有優勢，因此，他們主要是以抽籤的方式來落實輪流去統治和被統治。而在現今的民主社會裡，古雅典人曾經有過的憂慮依舊是有效的，被選舉權的確和財富緊密相關。擁有大量財富者或有著卓越的勸募政治捐獻的能力者，才得以更有效地把握其被選舉權，這使得每一位公民在形式上都被給予的被選舉權，在實際上只被極少數的公民所行使。此外，當今的代議民主體制的運轉係以爭取人民的選票為其原動力，為了增強爭取人民選票的能力，各種類型的政黨遂應運而生。而在政黨競爭趨於白熱化之後，一方面使得無所屬人士（獨立候選人）的問政空間大爲減縮（註36），另一方面則使政治越來越像是一種專門行業，除非長久浸淫其中，勤於深耕經營，並善於結伙締盟，否則被選舉權將只是一種書之於紙上的權利。

總之，民主社會裡的公民事實上只透過選舉權來維繫人民主權的形象，公民們和政治統治的距離相當遙遠，亦即，一般公民距離輪流去統治和被統治的理想已十分遙遠。其實，這也是代議民主體制本身的內在構造所隱含的慣性。而在晚近的政治實踐裡，一項試圖在代議民主的格局裡更多地增添直接民主或人民主權的成分的新趨勢就是公民投票(referendum)（註37）。歐洲共同體的成員國當中，就有法國、丹麥、愛爾蘭等國是以公民投票來決定是否要批准馬斯垂克條約。義大利曾以公民投票來決定是否要修正離婚的法律規定，以及是否要修改國會議員的選舉方式。瑞典及奧地利則透過公民投票來決定是否興建新的核能電廠。美國截至目前並不允許聯邦這個層級的（亦即全國性的）公民投票，但在州與地方這個層級的公民投票則十分普遍，各州通常是在總統選舉與期中選舉時附帶舉行。例如在一九九六年大選時，北卡羅萊納州就是否給予州長否決權舉行公民投票（獲得通過），奧瑞岡州則針對是否允許對四至十二年級的公立學校學生進行年度測驗以供教育研究之用舉行公民投票（未獲通過），加利福尼亞州的公民投票項目則包括了是否提高最低工資、是否允許醫生基於醫療目的（主要是爲了減輕病患的難忍的疼痛）而開具大麻供

病患使用、是否要禁止州政府及地方政府基於種族或性別而在公
職分配、合同和教育機會等方面給予優惠（以上三項皆獲得通過）
（註38）。

　　而實施公民投票最為制度化，並且運作經驗最為豐富的，則
是瑞士。要言之，瑞士的聯邦級公民投票主要可區分成三大類。
(1)選擇式公民投票(optional referendum)：在形式上，經瑞士聯邦
國會（民族院和聯邦院）通過的法案，就成為聯邦法律。但在實
質上，倘若有人反對特定的法律，並在九十天的法定期限內（自
聯邦國會通過該法律之日起算），取得五萬名公民的簽名連署（或
由八個以上的邦聯合提出申請），那麼，就必須針對該法律舉行
公民投票，以決定該法律能否生效。若未能在公民投票中獲得過
半數同意，則該法律即被否決。從一八六六年至一九九三年，總
共舉行了一一五次這類型的公民投票。(2)強制式公民投票
(obligatory referendum)：凡是由聯邦國會所提出之憲法修正案，都
必須舉行公民投票以決定其是否通過。(3)憲法的創制
(constitutional initiative)：只要能取得十萬名瑞士公民的簽名連
署，人民即可主動提出憲法修正案，在交由聯邦國會討論之後，
舉行公民投票來決定該修正案能否通過(註39)。此外，在邦(canton)
的層次（瑞士現有二十個全邦、六個半邦），公民投票亦相當普
遍，甚至亦有召開古雅典式的公民大會者。例如公民人數約二萬
四千餘人的葛拉魯斯(Glarus)邦，平時的行政及立法事務係分別委
由七名邦行政委員及八十名邦議會議員來代行，但若有重要事務

或金額在五十萬瑞士法郎以上的支出預算，則選擇某一星期日在邦首府廣場召開公民大會，由面對面的出席公民們直接議決，一九九五年五月的一次公民大會，出席者約為六千人（註40）。

乍看之下，公民投票似乎是補救代議民主底下的公民們在政治上日趨無能的良方，在某個程度上公民投票的確也具有這種效果，這也使得公民投票的某些倡導者，要嘲諷現今的西方代議民主體制為一種兼差式民主(part-time democracy)，因為公民們並不以而且也無法以參與公共事務為本務，而是只能在幾年一次的選舉中，以不很直接的方式略表過問公共事務之意（註41）。不過，公民投票在可以預見的範圍內仍會有其問題。首先，如果公民們的投票意向主要是取於能否增進個人利益（這應該是一個合乎事實的假設），而不是取決於公善的考量，那麼就極可能造成公民投票的結果相互牴觸的現象。例如實施大規模的社會福利的公民投票獲得通過，但增稅的公民投票卻被否決；又例如興建焚化爐或垃圾掩埋場的公民投票被否決，但為了要將垃圾運往他地而須加倍徵收垃圾處理費的公民投票亦未獲通過。要言之，由於公民投票多半是針對單一議題而孤立地舉行，因此，其彼此間的協調性、配套性亦將面臨考驗。其次，就西方民主國家實施公民投票的經驗觀之，全國性公民投票的議題基本上仍是由政黨所主導（註42），從較悲觀的角度來看，公民投票亦可能成為替政黨背書、或使特定的政黨向其敵對政黨要求讓步的籌碼。倘若一個國家的諸政黨彼此合縱連橫雜亂無章、毫無章法可循，那麼，公民投票

的結論亦不無淪爲政黨相互勒索之工具的可能。最後，越是要頻
繁地採行公民投票，就越必須仰賴高素質的、不以個人利益爲唯
一考量的公民。否則，每一次的公民投票將無異於諸種對立的利
益的殘酷對決；而在多數議題皆處於多數地位的公民，將得以對
其餘的少數公民遂行多數專制，甚至還是透過數量的比較
(quantitative comparison)而取得"正當性"的多數專制。暫且不論
柏拉圖的烏托邦傾向，然而在這種情形下，我們就不得不想起柏
拉圖對於質量的重要性的提醒。

第三節　公民的出路

　　現今的民主社會的公民固然是值得被歡呼兩聲，但當歡呼聲
在耳邊淡去之際，除了回味歡呼聲在腦海裡的餘響，也不能不進
一步思考被保留歡呼的部分。自由主義民主從一開始就接收了自
由主義國家所著重的權利的保障，而選舉權的障礙的逐步被撤
除，則使得自由主義民主做爲一種代議體制的特徵更形完備，故
而權利的保障與代議性可謂是自由主義民主的兩大基石。
　　代議性意味著人民並不直接去進行統治，而是委由民選公職
人員代爲管理眾人之事，代爲擬定對所有的人都具有約束力的集
體決策，並代爲監督此等決策的運作。但早在自由主義民主尚未
定型之前，盧梭就已經對代議性表達了高度的質疑。雖然盧梭並
不主張由人民直接行使行政權，而是主張由才德出眾者來行使行

政權（註 43 ），但他堅持一個人的意志不能夠被代表，而只能由
他本人來表達，選出代議士來代替自己表達自己的意志，等於就
是去設立一個主人來讓自己處於必須服從這個人的奴隸狀態。因
此，立法權才真正關係到人民的自由，「任何不是由民本身親自
批准的法律是無效的，那根本就不是法律」（註 44 ），只有去服
從他親自批准的法律的人民，才是自由的人民。顯而易見，現今
的公民投票的潮流乃是在貫徹盧梭的理念，乃是在讓公民們在一
定的程度內親自參與批准特定的法律或政策方向，從而使公民的
存在情境能夠朝主動的公民身分緩步移動。這樣的發展方向固然
受到歡迎，而且也有理由受到歡迎，但我們不得不關切的是，倘
若一般公民的品質未獲提昇，那麼，公民投票的頻仍舉行，尤其
是針對具有高度爭議性的議題而舉行的公民投票，會不會更加激
化社會內部的對立？會不會既未數到節制政黨和政治精英之效，
反而由於彼等對議題之操控，而爲其所利用？早在本世紀初，米
歇爾斯(Robert Michels)就曾寫道：「公民投票由於其絕對性格以
及其之豁免於被批評，乃是有利於機靈的冒險家的統治‥‥如果
未與群眾的智慧相平衡，則公民投票將會是對人民的自由的侵
犯。波納帕特主義(Bonapartism)的權力在事實上乃是建築在公民投
票之上。」（註 45 ）在本世紀即將結束的現今，這樣的分析應該
還未過時。

　　我們不否認上述的關切及憂慮，的確反映了我們對於現今民
主體制裡的政黨的疑慮。當然，政黨在利益凝聚、利益整合、利

益表達、政治社會化、政治人材的甄選與培育、公共政策選項的提出、變遷的引導等方面的功能是無庸置疑的。不過，當前的代議民主的經驗也不斷向我們表明，政黨既可能是公民的心聲的代言人，也可能挾其所取得的選票轉換而來的權力，反過來製造"民意"或強制民意之形成.。那也就是說，政黨的生命及權力雖然來自於其支持群眾的直接或間接授予，但它並不是一個依變項，它本身具有高度的相對自主性（註46）。它不會僅僅只以反映它的支持群眾的訴求為滿足，它還要去帶領及引導群眾，而且是以它的領導精英所期盼的方向而去進行帶領和引導。再者，在這種帶領和引導的企圖裡，支持群眾們也理所當然地被其視為是和其他政黨、其他的不同的帶領及引導的方向相互較勁的實力的憑藉，雖然它原先之獲得其支持群眾的選票的理由，並不必然涵蓋它事後所欲去進行帶領及引導的方向。

　　固然從某個角度來說，一個政黨之所以能夠存活，正顯示了政治社會裡確實存在著能夠由它來代表的聲音和利益要求，否則它早就銷聲匿跡了。但是，如上所述，一個政黨之獲得支持群眾的選票，從而壯大其生命及權力，並不保證它爾後的行動方向必然會得到其支持群眾的贊同。相當數量的公民之選擇支持某一政黨，往往只是基於他們心中的較為優先的價值選擇係由該政黨所明白主張，而不是因為他們完全贊同該政黨的所有政策立場。因此，不論就客觀形勢或政黨本身的主觀意願來說，政黨都享有不容輕忽的相對自主性。如果朝不利的方向發展，政黨所享有的相對自主性也可能使其越來越難以受到其支持群眾的節制，從而成為政治生活裡的新巨靈(new Leviathan)，一個吸吮公民們的奶水而存活、但卻不必然抱持感恩之心的新巨靈。較為樂觀的論者可能會說，公民們手中所握有的選票就是加以節制的最後王牌。這樣的看法固然有其理據，不過，我們要提醒的是，政黨的興起與衰亡通常都是在較長的歷史幅距裡上演的，而不是在月旦之間迅速上場與退場的。再者，較靈活的、嗅覺較敏銳的政黨，也懂得以暫時的退讓或自制，來換取它在下一個階段的相對自主性。在這樣的背景底下，不同立場的公民們依舊只能在有限的選項裡進行選擇，甚至繼續去供養他們原先所養大的新巨靈。

　　柏克(Edmund Burke)那個時代的政黨，肯定是和當今的政黨有著很大的不同，但柏克顯然是少數對政黨極其看重的早期理論家之一。在他看來，政黨是有著共同信念的行動家的結合，並且是以促進國家的利益為目的的結合，「思辨哲學家的任務是去指明政府的正當的目的，而政治人物做為行動中的哲學家，他的任務則是去找出邁向那些目的的恰當的手段，以及去有效使用這些手段。」（註47）我們不敢說這樣的評斷是完全不對的，但就本世紀的政黨運作與發展觀之，我們委實無法對政黨及其領導精英做過高之估計。柏克是一位政黨中人，以他自己的用語來說，他若被稱為是一位"行動中的哲學家"絕無疑義，但在現今的政黨中人之中，恐怕很難找到足以和柏克相匹配者。回溯地看，洛克較霍布斯更為審慎之處在於，除了他人(others)之外，洛克還警覺到政府或國家也可能是威脅個人的來源。我們還想補充說，在當今的代議民主體制底下，政黨也是一個必須被提防的新巨靈，雖然它之必須被提防的原因是有所不同的。要言之，政黨的主要威脅在於，它可能會壟斷（或聯合壟斷）公共界域裡的運動能量和方向，它可能會自命為公共界域裡的真正夠份量的發言者和行動者，從而在這種自我陶醉的認知下，遂行獨斷的舉動。代議民主體制的弔詭之一乃是，不同立場的公民選擇不同的政黨來代表其利益，但政黨在獲得託付之後，在壯大其生命與權力之後，卻不容其支持群眾們質疑它對它所代表的利益的界定。然而，從現今較為成熟的民主國家所反映的具有強烈政黨認同者的比例的不斷滑落，我們不難看出一般公民們對政黨的警覺和反動確已存在，但這並不必然表示對於政黨的可能的威脅的認識已經足夠深刻。

最後，在結束本章之前，我們不得不問的是，現今的民主社會裡的公民是不是主要地只能做為權利的擁有者？是不是只能繼續處於被動的公民身分呢？如上所述，理想型民主的倡導者肯定不以為然，他們熱誠地期盼公民在更多的面向上，去直接參與不同層次的統治權的分享與決策的制定，亦即，他們仍然懷抱著亞里斯多德和盧梭的主動公民身分或高檔公民身分(high citizenship)的理想。但是，某些較為慎慮的論者，例如弗列斯曼(Richard Flathman)，則考慮到公民們直接去分享政治權威所可能產生的負面作用。譬如在這種身分定位的改變之下，公民真正關注和重視的乃是他是決策的共同制定者，乃是他是政治權威的分享者這個身分，至於決策的內容究竟為何，則容易被忽略。而且任何的決策在最終都不容被挑戰，因為它是由公民所共同議定的；其結果將是公民們看待政治權威的態度的徹底改變，因為怪罪政治權威所做的決策，就是在怪罪公民本身；但問題是公民親自參與制定的決策，並不保證是毫無瑕疵的、不能受到有理的批評的決策（註48）。因此，雖然弗列斯曼對於被動的公民身分或低檔公民身分(low citizenship)並不完全滿意，但他仍然對高檔公民身分抱持疑慮，故而只主張一種約略介於兩者之間的、對公民角色只寄以較為緩和的、較為節制的期待的"克制的公民身分"(chastened citizenship)（註49）。

我們以為，關於公民該以何種角色或身分來做為政治社會的一份子的問題，不宜在抽空的架構裡被貿然地回答。我們的意思是，對於此一問題的回答至少涉及下列具體要素。第一，公民的一般的品質究竟如何。第二，我們究竟還要不要繼續仰賴代議體制，以及和代議體制相配套的制度（例如選舉）和組織（例如政黨）。第三，政治究竟該以何種方式來被理解、被看待，以及政治活動本身究竟要被賦予何種意義（註50）。如果我們對上述要素的判斷或評價有所不同，那麼，我們所想望的、所期盼看到的公民的存在面貌，就會有著明顯的歧異。

但請容許我們這麼說，這樣的消極的回答其實也隱藏著某種積極的認定，那就是現有的體制和格局雖然限定了生活在其中的人的可能性，然而，我們（更明確地說應該是我們的後代子孫，這是考量到人類體制更新的緩慢性，而不得不做此修正）究竟想以什麼方式來做爲一個人和做爲群體的一份子，以及要做這樣的人或一份子所需要的究竟是何種體制，這項決定權、這項不以現狀爲最終狀態的想像的權利，始終都在我們手中。因此，政治理論的內在對話或戰鬥，正活潑地顯示了我們對於這項決定權的珍惜，正顯示了政治理論的預爲後人謀（當然，我們沒有資格專斷地強制他們接受）的特性。而這一代人的預爲後人謀，也是對於上一代人的預爲後人謀的另一種方式的感恩與回報。

註　釋

註 1 ： E. M. Forster, *Two Cheers for Democracy*, San Diego: Harcourt Brace & Co., 1979, p.70.

註 2 ：見 Popper, *The Lesson of This Century*, p.90. 另見 Karl Popper, *Unended Quest*, Glasgow: Fontana, 1986, pp.197-198.

註 3 ：參見 Adam Smith, *The Wealth of Nations*, with an introduction by D. D. Raphael, London: Everyman's Library, 1991, bk. I, chs.i & ii.

註 4 ： Plato, *The Republic*, 433a.

註 5 ： *Ibid.*, 434c.

註 6 ： Cynthia Farrer, "Ancient Greek Political Theory as a Response to Democracy" in John Dunn ed., *Democracy: The Unfinished Journey, 508 BC to AD 1993*, Oxford: Oxford University Press, 1992, pp.30-31.

註 7 ： *Ibid.*, p.31.

註 8 ： Plato, *The Republic*, 472d.

註 9 ： Julia Annas, *An Introductioin to Plato's Republic*, Oxford: Clarendon Press, 1981. p.185

註 10 ：參看 Popper, *The Open Society and Its Enemies*, Vol.I; Ralf Dahrendorf, "Out of Utopia" in his *Essays in the Theory of Society*, Stanford: Stanford University Press, 1968, pp.107-

128; F. A. Hayek, *The Fatal Conceit*, London: Routledge, 1988; Michael Oakeshott, "Political Disourse" in his *Rational in Politics and Other Essays*, new edn., Indianapolis: Liberty Press, 1991, pp.70-95.

註 11 ：以最近兩次美國聯邦參議員選舉爲例，一九九六年花費最多的候選人爲加州的共和黨籍候選人凱里(John Kerry)，爲八百三十餘萬美元，而該年選舉支出前十名者皆在五百萬美元以上。一九九四年期中選舉花費最多者則爲加州共和黨籍候選人哈芬頓(Michael Huffington)，達二千五百多萬美元，但仍未能當選。見 *Time*, Nov.18, 1996, p.29 & Nov.21, 1994, p.30. 在美國，雖然競選經費有其法律限制，但這只能規範個人的政治捐獻、政治行動委員會(PAC)的捐獻、及候選人所屬政黨的援助，候選人自己的支出並不受限制。美國最高法院在一九七六年的 Buckley, v. Valeo 一案中判決，候選人自己要拿出多少錢來從事競選活動，係他的言論自由的一部分，故不應加以限制，詳見 Charles Dunn & Martin Slann, *American Government*, New York: Harper Collins, 1994, p.305; Kermit Hall ed., *The Oxford Companion to the Supreme Court of the United States*, New York: Oxford University Press, 1992, p.97.

註 12 ： Plato, *The Republic*, 558b-c.

註 13 ：參考 Peter Riesenberg, *Citizenship in the Western Tradition*,

Chapel Hill: University of North Carolina Press, 1992, pp.xviii-xxi.

註 14 ： T. H. Marshall, "Citizenship and Social Class" in T. H. Marshall and T. B. Bottomore, *Citizenship and Social Class*, London: Pluto Press, 1992, p.18.

註 15 ： *Ibid.*, p.17.

註 16 ： Will Kymlicka and Wayne Norman, "Return of the Citizen: A Survey of Recent Work on Citizenship Theory" in Ronald Beiner ed., *Theorizing Citizenship*, Albany: State University of New York Press, 1995, p.286.

註 17 ： J. G. A. Pocock, "The Ideal of Citizenship since Classical Times" in Ronald Beiner ed., *Theorizing Citizenship*, pp.34-36. 波寇克還認為所謂的佔有式個人主義(possessive individualism)乃是源自於該尤士式的法理學體系，而不必等到一千餘年之後的市場的興起和取得主導地位。無疑地，波寇克的這項論點乃是針對馬克弗森而發的（詳見 C. B. Macpherson, *The Political Theory of Possessive Individualism*）。但我們以為，特定觀念的雛形的出現和特定觀念在外在條件配合下之成為維繫既存體制的實質力量，在意義上是不可同日而語的，這就如同我們不會很嚴肅地將古希臘的葛勞孔(Glaucon)視為是社會契約論的奠基者（參看 Plato, *The Republic*, bk. 2 ）。不過，我們仍然必須承認波寇克在這裡的歷史考察是極具啓發性的。

註 18 ： *Ibid.*, p.42.

註 19 ： Thomas Hobbes, *De Cive* (The English Version), ed. by Howard Warrender, Oxford: Clarendon Press, 1983, ch.vi, sec.16, p.101.

註 20 ： John Locke, *Two Treatises of Government*, ed. by Peter Laslett, Cambridge: Cambridge University Press, 1988, II:143, p.364.

註 21 ： Charles-Louis de Secondat Montesquieu, *The Spirit of Laws*, trans. and ed. by Anne Cohler et. al., Cambridge: Cambridge University Press, 1989, bk.11, ch.4, p.155.

註 22 ： James Mill, "Govenment" in his *Political Writings*, ed. by Terence Ball, Cambridge: Cambridge University Press, 1992, p.16

註 23 ： Locke, *op. cit.*, II:57, p.306.

註 24 ： *Ibid.*, II:202, p.400.

註 25 ： Jeremy Bentham, "Anarchical Fallacies" in Jeremy Waldron ed., *Nonsense upon Stilts*, London: Methuen, 1987, p.73. 當然，在邊沁看來，最大多數人的最大幸福又優先於任何的權利，「當廢除某一項權利是有利於社會時，那麼，就沒有任何權利是不可以被廢除的。」(*Ibid.*, p.53)是故，純粹就權利的證成來說，功利主義向來被認爲是不牢靠的。但

這並不妨礙功利主義以法律（實定法）爲權利之屏障的主
張。

註26：關於資本主義做爲一種"過分縱放的自利性的制度化"的
　　　體制，可參考拙文＜自利性的政治考察＞，中興大學公行
　　　系《行政學報》，第二十六期，一九九五年，第四十九至
　　　七十六頁。

註27： Albert Hirschman, *The Passions and the Interests*, Princeton:
　　　Princeton University Press, 1977, p.100. 此外，亞當‧斯密
　　　還主張，每一個人之追求自利還具有好的政治效果，那就
　　　是會促成好的政府的出現(*Ibid*., pp.100f)。

註28：在此必須強調的是，我們並不是要將私人界域窄化爲只能
　　　容納追求自利的活動，而是要來突顯資本主義市場社會的
　　　興起，在私人界域的形塑過程中的關鍵作用。

註29： Ellen Meiksins Wood, *Democracy against Capitalism*, Cam-
　　　bridge: Cambridge University Press, 1995, p.208.

註30： *Ibid*., p.227.

註31：最明顯的例子就是關於福利權(welfare rights)的爭論。在諾
　　　吉克、海耶克等人看來，福利權必然涉及使用他人(using
　　　others)或佔用他人的勞動成果，故而是無法被合理化的（參
　　　看 Nozick, *op. cit*,; Friedrich A. Hayek, *Law, Legislation and
　　　Liberty, Vol.2: The Marage of Social Justice*, Chicago: The
　　　University of Chicago Press, 1976 ）。相反地，霍布豪斯(L.

T. Hobhouse)、霍布森(J. A. Hobson)、羅爾斯等人所代表的福利自由主義傳統,則主張福利權乃是落實平等的自由權的輔助要件。筆者則曾以"所有的人都能自由的平等權利"為基核,而試圖論證福利權的正當性,並指陳私人慈善行為的不足,詳見拙文<福利權與使用他人的政治>,中央研究院社科所《人文及社會科學集刊》,第七卷第一期,一九九五年,第二二三至二四五頁。

註 32 : Jeremy Waldron, *Liberal Rights*, Cambridge: Cambridge University Press, 1993, p.373. 瓦爾德隆的這段文字的背景系絡,是在總結黑格爾對於婚姻之中是否該談論權利所抱持的意見。

註 33 :這是瓦爾德隆所強調的論點,見 *Ibid.*, pp.376f.

註 34 :情況較特殊的大概是福利權,因為福利權在本質上預設著社會成員的相互關注。但倘若不同的人的福利權宣稱產生了衝突,亦會造成拉大彼此的距離這樣的結果。

註 35 :陶片放逐制度是由在古雅典的民主形塑過程中扮演重要角色的克列斯謝內斯(Cleisthenes)所發明。其辦法是先在每年的第六次公民大會決定該年是否要放逐一位威脅雅典政局的危險人物,若答案是肯定的,則在第八次公民大會舉行投票(在克列斯謝內斯的時代,每年召開十次公民大會)。投票係由公民以陶器碎片(ostraka)為之,將他心目中所希望的被放逐者的名字刻寫於其上。投票總數必須超過六千票，才能使該次投票成為有效的投票。獲得最高票者隨即被放逐，在十年之內不得踏入雅典的領土，但仍可以從雅典收取屬於他的財產所得。此一制度的用意在於使一般公民得以節制政治精英。參看 Josiah Ober, *Mass and Elite in Democratic Athens*, Princeton: Princeton University Press, 1989, pp.73-75; David Stockton, *The Classical Athenian Democracy*, Oxford: Oxford University Press, 1990, pp.33f. 從某個角度來說，陶片放逐制度可謂是爾後的基督教會的開除教籍(excommunication)的前身。它們的共通的殘酷之處乃是，公開宣告某人的某項具有深刻社會意義的成員身分的被剝奪，而這項身分的有無，又會對該人士的生活造成嚴重的影響。由此可知，各種不同的製造"異類"的方法，一直是人類彼此進行傷害的慣用手段。

註 36：一九九六年十一月美國眾議院改選，獨立候選人只取得兩席（總席位四百三十五席）。一九九七年五月英國平民院大選，獨立候選人只贏得一席（總席位六百五十九席）。一九九四年十月德國聯邦眾議院大選，獨立候選人未獲得任何席位（法定席位六百五十六席，該屆選舉另產生十六個超額席位，席位數共計六百七十二席）。一九九五年十二月我國第三屆立法委員選舉，無黨籍人士當選四席（總席位一百六十四席）。一九九七年六月法國國民議會選舉，獨立候選人僅當選一席（總席位五百七十七席）。一

九九七年六月加拿大平民院改選，獨立候選人亦僅當選一
席（總席位三百零一席）。

註37：李吉法特(Arend Lijphart)曾指出，爲了在現今的代議民主
體制裡強化人民對政治的控制及實質影響力，從而增添直
接民主的成分，主要有四種途徑：(1)掌握實權的行政首
長，改由公民直接產生，而非由國會以間接選舉的方式產
生。(2)實施罷免國會議員的制度。(3)以直接初選來產生各
項公職的候選人。(4)採行公民投票，由公民來對重大政策
直接表達意見。見 Arend Lijphart, *Democracies*, New Haven:
Yale University Press, 1984, ch.12. 然而，李吉法特的這項
分析頗有值得商榷之處。僅以他所提的第一種途徑爲例，
在總統制國家，就學理或政治實踐來說，這已是常規，但
在內閣制國家，則並無此必要。令人驚訝的是，內閣制國
家以色列竟然在一九九六年五月改由公民直選來選出內閣
總理（當選者爲自由黨的納坦雅胡）。此一新制的用意固
然在於由人民直接授權當選者（及其所屬政黨）來領導籌
組新政府，但其可能面臨的政治困境則是，倘若公民直選
產生的內閣總理所屬政黨並未在國會(Knesset)中取得優勢
地位，或未能聯合其他政黨在國會中維持安定的過半數地
位（而在以色列，聯合政府乃是常態），則政府的穩定性
必成問題。相較之下，德國的建設性不信任投票（亦即聯
邦眾議院只能以議員總數過半數選出新任聯邦總理，來對

現任政府表示不信任；其法源爲基本法第六十七條，赫爾
穆特‧柯爾在一九八二年成爲德國憲政史上第一位、同時
也是截至目前唯一一位以這種方式成爲聯邦總理者），則
是以行政權（政府）的穩定爲首要考量。

註 38 ：參見 *USA Today*, Nov.7, 1996, p.9A.

註 39 ：關於瑞士的公民投票制度，參考 C. F. Schuetz, "Swiss
Confederation" in George Delury ed., *World Encyclopedia of
Political Systems and Parties*, 2nd edn., New York: Facts on
File Pub., 1987, pp.1044-1046; Jurg Steiner, *European
Democracies*, 2nd edn., London: Longman, 1991, pp.173-
177; Lijphart, *op. cit.*, ch.12.

註 40 ："A Survey of Democracy" (special supplement), *The Econo-
mist*, Dec.21, 1996, p.7.

註 41 ： *Ibid.*, p.3.

註 42 ：最顯著的例子如英國於一九七五年舉行的關於英國是否該
繼續留在歐洲經濟共同體(EEC)的公民投票，這是英國歷來
唯一一次全國性公民投票。英國的主流政治思維是國會主
權，因此，向來對公民投票抱持保留態度。當多數歐體成
員國選擇以公民投票來決定是否批准馬斯垂克條約時，英
國則是由平民院進行表決。一九七五年的那次公民投票，
基本上是工黨政府爲了平息黨內爭議而舉行的，因爲英國
之成爲歐洲共同體會員國係前任保守黨政府所促成，而工

黨高層對此一直存在著歧見，公民投票遂成為解決黨內紛
爭之出路。參考 David Childs, *Britain since 1945: A Political
History*, 3rd edn., London: Routledge, 1992, pp.252f. 此外，
英國亦曾於一九七九年在蘇格蘭及威爾斯分別舉行區域性
公民投票，議題是是否賦予該兩地區更大的自治權。但在
國會主權的觀念下，公民投票在英國乃是特例，而非常態。
而在一九九七年五月上任的布萊爾首相，則允諾就蘇格蘭
自治問題，再舉行區域性公民投票。

註 43 ：在盧梭看來，政府（行政權）只是立法權的衍生物，「政
府…只擁有一種假借的及附屬的生命。」(Jean-Jacques
Rousseau, *The Social Contract*, trans. by Maurice Cranston,
Harmondsworth: Penguin, 1968, III:1, p.106) 政府只是在
「臣民與主權者之間為了兩者的相互溝通所建立的一個
中介體，它負責執行法律，以及維護公民自由和政治自
由」(*Ibid.*, III:1, p.102)，政府的存在只是基於人民（主權
者）的委任，政府只能行使主權者所託付的權力，而且只
要主權者高興，他們就可以限制、改變或收回這些權力。
盧梭之反對由人民直接行使行政權，乃是因為由負責制定
法律的人同時又去負責執行法律，將會使公共利益和個人
利益相混淆，從而損害了人民去制定出好的法律的判斷能
力(*Ibid.*, III:4)。另外的原因則是盧梭對於一般人民的能力
並不抱持太高的評價。

註 44 ： *Ibid.*, III:15, p.141.

註 45 ： Robert Michels, *Political Parties*, trans.by Eden and Cedar Paul, New York: Free Press, 1962, p.310. 波特帕特主義的確切意涵對不同的人來說可能不盡相同，在這段引句裡，至少指涉著投機政客利用民粹主義來擴大及鞏固其權力的一種政治實踐。

註 46 ：我們在此是轉借阿爾圖傑赫 (Louis Althusser) 對國家(the state)的分析。

註 47 ： Edmund Burke, "Thoughts on the Cause of the Present Discontents" in his *Pre-Revolutionary Writings*, ed. by Ian Harris, Cambridge: Cambridge University Press, 1993, p.187.

註 48 ： Richard Flathman, "Citizenship and Authority: A Chastened View of Citizenship" in Ronald Beiner ed., *Theorizing Citizenship*, pp.105-151, esp. pp.142-147.

註 49 ： *Ibid.*, pp.105 and 147. 可惜的是，弗列斯曼的重點只在於指陳高檔公民身分的不當，而並未對克制的公民身分的詳細內涵做進一步的闡明。

註 50 ：以阿蓮特(Hannah Arendt)為例，她主張：「政治的存在的理由是自由，而其經驗場域則是行動。」（ *Between Past and Present*, New York: Penguin, 1968, p.146) 當然，這其中的 "自由" 和 "行動"，都必須被回置到她關於人類的生命活動(vita activa)的三分法，以及她特有的對於公共領域的界定，才能被有效地理解。要言之，政治可謂是讓行動者透過言行彰顯及確認其自我，並且在與他人的相互溝通和協同行動中，參與追求卓越及開創新格局的一個公共的表演舞台或演出空間(space of appearances)。在這種理解方式底下，很明顯地，只是做爲權利的擁有者的人，根本稱不上是一個公民，從而還不是在踐履一種政治的生活方式(bios politikos)，因爲他的生命活動主要停滯在勞動與工作的層次。不過，主流的自由主義者對政治的理解，肯定與阿蓮特大異其趣，因此，他們所期盼看到的公民的存在面貌，也必然大不相同。

第五章　倫理的政治

　　古希臘的德謨克里圖(Democritus)在其殘存的斷簡中曾謂：
「在一個民主體制裡受窮苦，也比在暴君們的統治下享有所謂的
繁榮要好，正如同自由比被奴役要好一般。」（註１）即使在現
今，這樣的評斷應該也可以得到大部分的有著正常理智的人的贊
同，因為被專斷的權力所奴役，並不是通過物質上的富裕所能夠
彌補的。

　　和過往的諸種政體相比，當今的民主體制對其公民的自由與
其他權利，已起到相當程度的保障作用。這項成果的取得，無疑
標誌著人類政治生活在朝向人道化的轉化過程中的重大躍進。甚
至可以說，僅就（消極）自由與權利的保障這個面向而言（而不
論及公民的參與這個面向），現今的較為成熟的民主體制可謂大
大超越了古雅典和文藝復興時代義大利的某些共和城邦（註２）。
但民主的運作經驗依然引發了生活在民主體制裡的人們的不滿，
柏拉圖在二千多年前所表達的不滿，可謂是位階最高的不滿，那
就是民主根本就是和專業原則或專業主義相對立的體制，其最危
險的後果就是品質（質量）問題的被漠視，從而造成數量對質量
的強制。

　　而即便不停留在柏拉圖所揭示的位階，對民主的不滿依舊存
在。這些位階較低的、但絕非不重要的不滿，例如由於人民主權

的被表象化，使得一般公民和國家（政府）的距離越來越遙遠，
一般公民越來越難以駕御影響他們的生活的政治力量；又如政黨
在代議民主體制裡所佔據的戰略地位，使政黨得以壟斷（或聯合
壟斷）公共議題和公共空間；再如經濟條件的政治轉化，根本性
地提高了實現政治平等的難度；其他如多數專制、民主與效能、
公民發言管道的不暢通與公民聲音的弱化等等問題，都是不滿的
理由或源頭。以美國爲考察對象，仙多爾(Michael Sandel)就指出，
美國人之對其民主體制不滿、之對其公共生活感到失望，其最終
根源乃是基於兩項恐懼：對於自我統治之淪喪的恐懼（因爲一般
的美國人，不論是個別而言或集體而言，已逐漸喪失對於治理其
生活的力量的控制）、對於社群之腐蝕的恐懼（因爲從家庭到鄰
里到國家，社群的道德骨架已漸趨鬆解）（註３）。我們一方面
承認不同社會的具體形勢肯定有所差別，另一方面我們也明白仙
多爾做爲當代社群主義的重要代表人，也限定了他解讀此一不滿
的方向與格式，但我們傾向於認爲，仙多爾的解讀不管對現今的
美國或其他的民主社會來說，都不宜被率爾輕忽。

　　當然，和這些不滿情緒同時並存的，乃是一種基本上對（西
方）現今的民主體制極感滿意、而只是對於其中的某些變遷感到
憂慮的情緒。卡爾・巴柏無疑乃是這種憂慮情緒的最醒目的代表
人。要言之，在巴柏看來，生活在現今西歐、北美、澳紐的民主
社會的人們，應該感到非常慶幸，因爲他們所擁有的社會（包括
其政治體制在內）已經是人類歷史上所曾經存在過的最好的、最

公正的社會（註 4 ）。在這樣的應該令人慶幸的民主社會裡，必
須嚴加防範的最主要的是人民主權這種危險的迷信的膨脹（詳見
本書第三章第一節）。或者，在較細節的政治制度面上，絕不要
採取比例代表制來選出國會議員，因為此一選舉制度極可能造成
國會裡多黨林立，同時沒有任何一個政黨得以擁有過半數席位，
從而（在內閣制國家）必須組成多黨聯合政府的情勢。而在巴柏
的理解裡，聯合政府即意味著政治責任歸屬的不明確，以及行政
權的不穩定，乃至於小黨可能取得和其政治實力不成比例的關鍵
的影響力（註 5 ）。在這裡我們不想去費神評判他的細節的制度
判斷的必然性，我們的關注焦點在於以巴柏為代表的滿意心態，
若被推而廣之（很明顯地，法蘭西斯·福山就是此種心態的推廣
者），那麼，似乎現今的西方社會就已經提早預示了人類歷史的
穩定而美好的終結狀態。

　　但是，我們顯然無法分享歷史終結論者的那種樂觀性，因為
我們不想以某種政經體制在一時之間的勝利，來做為最終的歷史
裁決的憑藉，過於有遠見和過於短視通常也只有一牆之隔。相反
地，我們情願正視來自於各個方向的對當今的民主體制的不滿，
承認這些不滿的嚴重性並不等於否定民主的價值，但拒絕承認這
些不滿則可能使民主陷入更大的危機。

　　總括而言，對當前民主體制的不滿的主要源頭之一，乃是公
民在政治上的無能。一般公民的政治效用主要被限定在選舉權的
行使，在以選票決定對所有的人都具有約束力的集體決策權的歸

屬，而在行使了選舉權之後，在給予了某些人或特定的政黨以統治權威的正當性之後，一般公民在更多的時刻都只能任由政治力量來形塑及限定他們的生活空間及生命機會。西德時代的聯邦總理布朗德(Willy Brandt)生前曾感嘆，德國是一個經濟巨人，但卻是一個政治侏儒。似乎可以說，理想型民主或主動的公民身分的倡導者之不滿於當前的民主，就是因爲一般公民在現有的體制裡乃是被設定爲政治侏儒。當然，我們也不可能期待每一個公民都成爲一個政治巨人（古雅典的一般公民也不是以這種身分而存在），但是，在政治侏儒與政治巨人之間，終究還存在著很大的彈性空間，還存在著不容忽視的民主想像的空間，而這正是那些不滿者的著眼點。再者，公民的政治角色之所以必須被計較，乃是因爲它也關係到公民在其他社會生活面向的角色；換句話說，公民身分不僅僅只在政治面向裡具有意義，它還直接或間接地形塑了同一個公民之做爲家庭的一員、社會團體的一份子、勞動契約的一造、社會文化的一個參與者等等身分的可能性。因此，對於原本只涉及到政治統治之形式的公民身分的鬥爭，自然就成了不滿者的一個主要的戰鬥面。

　　無疑地，不滿者是試圖通過公民身分的再活潑化和再主動化，以及此一身分的改造所蘊含的相應稱的民主機制的調整，來有效消解民主的令人不滿之處，並使得生活在民主社會裡的人以一種公共關懷(a public concern)或共同的聯繫(a common bond)相聚攏，從而在遵守大家皆有共識的公民的行爲的文法(the grammar of the citizen's conduct)的前提下（註6），爲每一個人拓展更積極的生命機會。我們絕對承認不滿者的立意的崇高性，以及其對於民主想像的進一步展開的重要性。但我們必須強調的是，愈是要賦予公民以更大的期許和表現空間，就愈需要講求公民的品質（否則，期許就可能化爲噩夢，表現空間就可能淪爲自利的決鬥場），就愈不能忽視蘇格拉底式預設的嚴肅意義，而這正是本章所欲探討的課題。

第一節　群衆的躍起

在近代史上，自從民主體制首先在西歐及北美立足生根以來，它就一直是最能博得群衆的偏愛的一種政治體制（雖然群衆也曾間歇性地助長它在特定地區或國度的覆亡）。之所以如此的主要理由是，民主體制乃是人類曾經實驗過的諸種政體當中，最能夠給予群衆更大的政治活動空間與政治重要性的一種政體。因此，借用伍迪・艾倫(Woody Allen)的一部電影片名來說，民主可謂是群衆的強力春藥。群衆對於容許他們扮演更重要角色的體制，自然是倍加偏愛。

以台灣來說，自從扣應節目成爲廣播電視媒體的熱門節目以來，固然政治人物樂於上場曝光（一方面是爲了更清楚地陳述他們的立場，另一方面則是由於他們泰半都有尋求連任或爭取更上一層樓的動機），愈來愈多的一般大衆也熱中於扣應獻聲。當然，這樣的熱烈參與的確顯示了一般大眾對公共事務的關注，以及對於他們的公民身分的嶄新的體認，這自有其值得被肯定的一面。不過，我們也不得不憂慮地指出，扣應者當中亦不乏極為僵化教條、全然欠缺尊重不同立場之風度、而是視不同立場者為不除之不可之仇敵，並自視自己所歸屬之一方為真理之代言人的扣應者，而且人數亦不在少數。這種偏執的扣應者除了反映了自身的格調，或多或少也反映了其所支持的政治精英烙印在其身上的思考型模，最後，這也顯示了台灣在此時此刻距離成熟而理性的公共論壇還相當遙遠。總之，民主體制在本質上就是容許並鼓舞一般大眾登上公共舞台，盡情獻藝獻聲的體制，就是群眾歡慶的喜年華會。人類歷史既已行進至此，群眾既已登上舞台，要讓他們鞠躬下台，實已不可行。更何況群眾之登上舞台，亦有其積極的莊嚴意義呢！倘若我們承認民主是歷史大勢之所趨，那麼，我們所應該關注的、而且也不能不關注的，就是舞台上的群眾的品質。因為在最終正是他們要來決定舞台上的戲碼的水平，以及舞台是否牢固、是否具有應付不斷更新的需求的支撐力。

在本世紀的頂尖政治思想家之中，邁可·區克夏(Michael Oakeshott)可謂是擅長刻劃群眾的社會心理與歷史角色的少數行家之一。撇開某些過激的推論和判斷不論，他對於代議民主體制底下的群眾的解析，雖然非常苛刻，但仍值得適度地參考品評。在區克夏看來，代議民主可謂是為了因應個體性經驗(experience of individuality)或個體的自覺之漸趨普及的政治對應物。近代代議民主的母型無疑確立於十七世紀的英國、荷蘭和瑞士，並逐步擴散到西歐其他地區及北美。但個體性經驗的誕生，則發軔於十四、十五世紀的以義大利爲揭竿地的文藝復興時代（註７）。在此之前，歐洲人並未明確意識到這種個體性經驗，並未察覺到自己是一個可以和他人有所不同、可以自行追尋自己的幸福和自由的"個人"。相反地，個別的歐洲人還被圍限在、還依附在各種群體之中，例如家庭、莊園、行會、會社、教會等等，他之做爲特定群體的一份子而去和其他成員進行共享的重要性，遠勝於他和別人之間可能存在的區別。因此，個體性經驗的覺醒與普及化具有至高的歷史意義，「這種去做爲一個個人的傾向的出現，乃是近代歐洲歷史裡的至爲重大的事件。」（註８）

　　個人的誕生、個體性經驗的覺醒，也意味著每一個人必須去承擔自我選擇和自行追尋幸福的責任或包袱，這是要去做爲一個"個人"所必須付出的代價。但打從個人開始在歐洲出現之際，另一個獨特的人物也同時誕生，那就是"失敗的個人"(individual manqué)，亦即在舊有的群體聯繫已然解體之後，在原先的令人熟悉的認同（做爲社群生活裡的一個匿名的存在）必須被更換之際，卻無法去發展、去確立屬於個人的個體性與認同，從而不僅在外在行爲嚴重落伍（落伍於能夠果決地體現其個體性的人），更造成內在的自我不信任的那些挫折者。區克夏進一步指出，某些失敗的個人因而步上自我棄絕之路，但另一些失敗的個人則在憎恨與嫉妒心理的聳動下，蛻變成好戰的"反個人"(anti-individual)。

"反個人"痛恨所有的那些能夠體現其個體性的人和事，他希望將整個世界都同化成、矮化成和他一樣的平庸與缺乏個性，和他一樣的懦弱與無能。而"反個人"唯一的優勢就是人數（數量）的優勢，當他認識到這一事實之後，他就認知到自己是一個"大眾人"(mass man)。與此同時，他也找到了脫離困境的方式，那就是只允許別人去成爲他自己的翻版，使別人也成爲一個大眾人（註9）。因此，「近代歐洲歷史裡所出現的群眾，並不是由個人所組成，而是由聯合起來要從個體性撤退的"反個人們"所組成。」（註10）。

就某個角度來說，歐克夏對反個人或大眾人的分析，可謂與尼采(Friedrich Nietzsche)所指陳的主人道德和奴隸道德遙相呼應。在《論道德的譜系》一書中，尼采指出，所謂的善或好在最早是源自於使用這個詞的人對自己的描繪，而在進行自我描繪時，又存在著兩個截然不同的角度。一個是主人的角度、居於上位者的角度；另一個是奴隸的角度、處於下風者的角度。從主人的角度來進行自我描繪（亦即主人道德），所謂的善或好指的是他們本身所具有的特質，所謂的惡或壞則指涉著和他們不同的人所具有的特質，是故，他們係以自我肯定的方式來界定道德。相反地，從奴隸的角度所進行的自我描繪（亦即奴隸道德），則是從憎恨出發，並且以消極的、派生的方式來界定道德。由於他們處於下風、居於劣勢，由於他們處處都不如主人們（居於上位者、強勢者），因此，在憎恨心的誘引下，他們首先便先行界定主人們所具有的特質爲惡，然後才派生地認定他們自己所具有的特質是爲善。奴隸道德裡的所謂善，更明確地說，只是消極地表明他們不具備主人們的被視爲是惡的特質，「所有的高貴的道德都是從一種對自身的凱旋式的肯定而發展出來的，而奴隸道德則從一開始就對“外界”、對“不同”、對“非我”說不，這項否定就是奴隸道德的創造性行動。此種確定價值的眼光的倒轉，此種將自己的視野導向外部而不是返求於自身的渴求，乃是以憎恨爲本質的……。」（註11）區克夏的畏於肯定自我的大眾人，無疑乃是尼采的奴隸道德的另一種版本的奉行者。

　　區克夏還指出，做爲群眾的組成成份的反個人或大眾人，他們只有感情而無思想，只有衝動而無意見，只是軟弱無能而缺乏激情，因此，他們需要領袖來領導，來將他們的衝動轉化成欲望，並將欲望轉化成行動計畫，「對反個人而言，被統治就是去爲他做出他本身所無法做出的選擇。」（註12）當那些敢於果決地體現自己的個體性的“個人們”只以第一代的權利（公民權利、政治權利）爲滿足，並只將統治者視爲是“個人們”的爭端的裁判，“反個人們”由於無法透過第一代的權利來體現其個體性，他們徒有此項權利但卻不知如何利用，因此，他們轉而要求第二代的權利（社會權、福利權）和社群的公善，他們畏於去追求自己的幸福，但卻要去享用別人（“個人們”）所創造的幸福果實，並且將統治者視爲是道德領袖、視爲是社群的經營總營。在這樣的背景下，一種新的政治藝術於焉誕生，那就是「去了解什麼樣的提議能夠獲得最多選票，並讓提議的提出顯得像是來自於“人民”」這樣的藝術（註 13 ）。大眾人所要的就是那些能使他們免於自己做選擇的提議，就是救贖的提議(the offer of salvation)，「任何人只要提出這樣的提議，就可以信心滿滿地要求無限的權力，而且他也會被給予這樣的權力。」（註 14 ）

　　如前所述，區克夏指稱只有畏於去體現個體性的大眾人或反個人才會去要求福利權或社會權，才不去談個人幸福的追求，而沈迷於社群公善的提供。我們以為，這項推論是過於大膽的，更具體地說，這項推論只反映了區克夏的明確的古典自由主義的立場（而這並不會和他的保守主義傾向相牴觸）。但撇開這項推論不說，我們必須承認，他對於大眾人或反個人的解析，以及大眾人所促就的政治面貌的解讀，是極具啟發性與震撼性的。

　　此外，對觀察群眾極有心得的諾貝爾文學獎得主卡內提(Elias Canetti)則指出，在人類所可能有的諸種恐懼中，最大的恐懼莫過於和未知事物的接觸。人們總是試圖避免和陌生的事物有肉體上的接觸，在黑暗之中，光光只是對於未預期的接觸或觸摸的恐懼，就足以引起驚惶，人們之所以要在自己周遭設定各種安全距離，皆是源自於這種恐懼。但是，「只有處在群眾之中，人才能免除這種對於被觸摸的恐懼」，「一旦一個人低首降服於群眾，他就不再畏懼它的觸摸。在理想的狀態下，群眾裡的所有的人都是平等的，沒有任何的分野具有重要性，即使性別分野也是如此。向他擠靠的人是和他自己一樣的，他感覺擠靠者就如同他感覺自己

一般，突然間彷彿一切都像是在同一個身體裡發生‥‥人們相互
擠靠得愈緊密，他們就愈肯定地感覺他們並不畏懼彼此。」（註
15）卡內提還用了許多譬喻來形容群眾，其中之一就是火。在所
有的毀滅手段中，令人印象最深刻的就是火。不管火的規模的大
小，不管火燃燒的持續時間的長短，火的首要特徵就是內在的同
一性(sameness)。再者，火又具有蔓延性，它會傳佈散播而且不知
滿足；火所到之處，會在最短的時間內，將各種互異而離立的物
件，統一在同樣的火焰之中。火的無情性是沒有界限觀念的，火
試圖吞噬任何事物，並且永不滿足。而群眾的特徵就如同火一般，
「火與群眾之間的這些相似性，也促成了他們的意象的緊密的同
化，他們相互進入彼此之內，並且也可以代表彼此。」（註 16 ）
換言之，群眾就是一群缺乏個性，但結合起來之後，即具有高度
破壞力的人。

　　從以上的區克夏和卡內提的見解，以及早先提過的奧蒂加的
意見（見第三章第二節），我們不難了解，雖然民主必然意味著
群眾的行動能量的解放，以及群眾的歡慶的嘉年華會，但群眾或
一般公民終究有其令人憂心之處。儘管我們不必完全同意區克夏
等人的上述評斷，但如果我們因此而過度美化了群眾或一般公民
的實質樣態，我們可能正踏上更危險的路途。我們一再強調，一
般公民之躍上政治舞台，群眾之成為公共空間的主要表演者，已
是歷史大勢之所趨。柏拉圖在兩千多年前就試圖阻抗的現象，在
兩千多年後的今天，已經成為更堅固的、更不可改變的事實。區

克夏認為，大眾人或反個人並不是民主社會裡的理想公民，這點我們是完全贊同的。問題的癥結就在於，即使一般公民並不全然像是區克夏所描繪的大眾人或反個人，而只是在一定的程度上具有某些大眾人的徵候，在這種情形下，如果我們不想昧著良心說話，如果我們不想和政客們一樣，在需要人民的掌聲、選票和正當性的授予時就極其民粹地抬舉恭維人民（事實上他們最終的恭維對象是他們自己），那麼，這就足夠令人憂慮了。這種憂慮並非刻意要去矮化、醜化一般公民或群眾，而是在明白肯定與承認了群眾的表演權的前提底下，為了求其更好而流露的積極要求與期望。

　　誠如約翰・彌爾所呼籲的，「從長遠來看，一個國家的價值乃是在於組成它的全體個人的價值」，因此，如果一個國家只著重在行政技巧等等這一類細節的改善（當然，這並不是說這些方面是全然不重要的），而延遲了全體個人的心智能力與品質的發展和提昇，那麼，它終究會發現「渺小的人無法真正成就大事業」，而且用來運作政治機器所不可或缺的原動力已然淪喪（註 17 ）。我們以為，一般公民的品質不僅對程序民主有其重要性，對理想型民主所欲促就的新體制，以及對主動公民身分的倡導者所期盼看到的新公民形象來說，都是決定其是否可行的主要關鍵。此外，約翰・彌爾和托克維爾所憂心的多數專制問題的因應之道，除了必要的憲政保障之外，在最終仍舊取決於一般公民的品質。而這似乎又將我們一步步推向蘇格拉底式預設。

第二節　從權利到善

　　自由主義的基本特徵之一，就是強固地奠立在個人這個立足點上講求權利的語言。權利成爲個人去彰顯其個體性、去受到保障地進行自我生命之抉擇的憑藉，而國家的首要之務即在於維護個人權利，雖然不同的自由主義者對於哪些權利是正當的、必須被維護的權利，仍存在著爭論。儘管諾吉克坦率地承認，「權利並不是我們所想要社會成爲的樣子的全部，也不是我們在道德上應如何相互對待的全部」，但他依舊極具代表性地表明了自由主義的立場，「在我看來，政治哲學主要地乃是關於什麼行爲可以被正當地加以強制的理論，以及關於符合和支撐這些可被強制的權利之制度結構的性質的理論。」（註18）

　　而理論取向和諾吉克有著一定對峙性的羅爾斯，其所揭櫫的對優先於善的論點的主要內涵之一，也是在強調權利的優先性，「每一個人都具有一種奠立在正義之上的不可侵犯性，即使是社會整體的福祉也不得凌駕於其上‥‥正義不允許加諸在少數人身上的犧牲由多數人所享有的較大的好處來予以彌補‥‥正義所確保的權利不得屈從於政治議價，或屈從於社會利益的計算。」（註19）而更直接地突顯此一立場者，無疑就是多爾金。在多爾金看來，爲了避免使人們在政治上和經濟上陷入過於不平等的處境，就必須讓個人擁有某些不容侵犯的個人權利，這些權利將做爲否決任何對其構成威脅的社會決策的“王牌”（註20）。在相當程

度上，權利優先論者代表著對於自由主義陣營內的功利主義者的
理論決裂，而晚近的趨勢是，權利優先論者顯然居於上風。當然，
我們必須承認，權利語言的得勢與成爲主流，具有極其莊嚴的歷
史意義。當洛克在理論上進行辯護的生命、自由、財產等自然權
利，逐漸成爲自由主義國家的法律權利之後，個人的生活樣態與
可能性就起了根本性的變化，自此以後，個人人格的主觀面和客
觀面才更好地得到融和，個體性才明顯地擁有一個受到保障的伸
展空間，私人領域也才成爲一種具體的存在。因此，權利語言的
興起是和個人形象的明確化齊頭並進的，權利的保障豐富了個人
的存在意義，同時也增添了生命場景的色調與多樣性。

　　但一個不容忽視的事實是，權利語言的倡導者彼此之間的難
以調解的對立性，此一對立性乃是源自於論者對於不同的權利的
優先性的不同評價。一個將個己所有權抬高到最高位階，視之爲
體現個體性的最終憑藉，並傾向於將他所認可的所有其他權利視
爲是用來鞏固個己所有權的輔助權利的論者（例如諾吉克），肯
定要將福利權或社會經濟權利的訴求斥爲無稽，反之亦然。而這
裡的問題就在於，雙方都能有理由地聲稱，他的主張是爲了要更
完善地成全個體性，是爲了要更具體地護衛個人的存在尊嚴與自
主性。這就牽扯出是否存在著在任何情況下都不得被踰越的絕對
權利(absolute rights)這樣的問題，如果有這樣的權利存在，如果有
這種王牌中的王牌存在，各種不同權利之間的優先性，自可獲得
仲裁。但曾經嚴肅面對此一問題的葛渥斯(Alan Gewirth)也只能論

證說，倘若有所謂的絕對權利存在，這極可能只是一種局部的生命權，那就是所有的無辜的人都得免於淪為殺人計劃的受害者這樣的權利（註21）。顯而易見，這樣的絕對權利在協助調解不同權利之間的優先性的爭論上，並無太大的實質作用。因此，現今的局面乃是，權利優先論者雖然在捍衛"權利"這條陣線上是相一致的，但由於他們所最珍視的權利的不統一，使得他們彼此之間的內在紛歧與對立，仍然十分明顯，甚至並不必然小於他們和此一陣線以外的人士之間的歧異。

　　不過，特別吸引我們的注意力的是，儘管權利對於成全個體性的關鍵作用是無庸置疑的，但倘若政治社會成員眼中只有權利，只忙於在自己的周遭築起由權利所構成的警戒線，並以守衛警戒線的不容被侵犯為首要之務，那麼，其可能導致的整體結果（包括對社會成員的個別效應）恐怕也很難臻於完善。共和主義的當代代言人史基納(Quentin Skinner)即指出：「堅持將權利當做王牌…乃是如實地表明我們做為公民的墮落，同時也是在擁抱一種自毀式的非理性。相反地，我們必須嚴肅地看待責任…我們必須儘可能全心全意地努力履行我們的公共義務。」（註22）史基納的基本論點是，消極自由和共和主義的自由觀（亦即，只有當一個人共同參與了公共事務的管理，共同分享了統治權威，那麼，他才真正是自由的）是可以被相互調解的。調解的關鍵在於，只有當公民們熱誠關注公共事務，善盡其公共義務及責任，他們才能更好地保有其消極自由與權利。「當代自由主義，尤其是其中

的所謂激進自由主義這一型(libertarian from)，正處於將公共舞台
上的所有概念清掃一空的危險之中，僅留下自利和個人權利的概
念」（註23），史基納警告道：「除非我們將我們的責任擺在我
們的權利之前，否則我們終將發現我們的權利本身已遭到侵蝕。」
（註24）

　　史基納的意思等於是說，除非公民們能掌握住主動的公民身
分，否則可能連被動的公民身分（公民做為權利的擁有者）都會
岌岌可危。在權利優先論者聽來，這樣的論點可以想見會相當刺
耳；但深入一層看，其實類似史基納的這種論點，並未根本性地
挑戰權利的關鍵地位，而只是在提醒及敦促人們如何安穩地確保
權利與自由。然而，如我們在前文裡一再強調的，要求或期盼公
民們以主動的公民身分而存在，以高檔公民身分而存在，固然是
更接近人民主權的理想，但相對地就愈需要講求公民的品質，不
然就可能陷入任令群眾暴走橫行的危險境地，同時也給予政黨、
政治精英或區克夏所稱的要來領導大眾人的領袖以更多的可乘之
機。我們不要忘了，希特勒和馬可仕(Ferdinand Marcos)都是民主
體制的產物。那也就是說，倘若由有著高度的行使人民主權的意
願但品質卻不佳的公民來著實地履行主動的公民身分，其最終結
局亦可能是權利的淪喪。無論如何，關心公共事務如果僅僅只是
以關心公共決策會如何影響自己的切身利益為著眼點，那麼，這
種"公共情操"恐亦不無可議之處，而操作這種公共情操的公民
也很難被寄予充分的信賴和期待。

對於權利的語言的較爲根本的挑戰,乃是來自於善的語言(the language of good)的倡導者。我們知道,權利的語言的顯著抬頭,是和羅爾斯以降的對於正義的關注緊密相繫的。在很大的程度上,關注正義就是在關注人與人之間的生活交往的範限該如何被釐清,而權利以及與其相對應的義務就是這種釐清工作的準據。無論是涉及整個社會基本結構的正義、或分配正義、或司法處罰的正義,都脫離不了權利的歸屬與仲裁。而晚近的正義論述或權利語言的興起,是以抨擊功利主義的不當而起家的,它一直以攻擊的姿態而不斷擴大理論的版圖。面對這種局面,善的語言的倡導者就是要主動攻擊權利優先論者,要迫使他們採取防守姿勢。善的語言這種論述形式的理論源頭,當然可以被回溯到古希臘的蘇格拉底、柏拉圖和亞里斯多德,而在當代政治理論裡,隨著權利優先論的蔚爲主流,也刺激了善的語言的再生式的重返。

在善的語言的倡導者看來,談論正義和權利,固然是群體生活裡的重要面向,但絕非是唯一而且自足的面向。首先,就正義來說(這裡指的是當代的談論正義的方式,而不是指柏拉圖式的正義),如蓋爾史東(William Galston)所指出的,「正義允許我們維持我們的離立的存在以及我們的自我關注,正義並未要求我們去分享他人的快樂、苦痛和情感,正義是被合理的一致性的要求所修飾過的明智的自我關注」(註25),但自我關注並不是個人存在與群體生活的全部內容。亞里斯多德即曾強調,當人們是朋友時,人們並不需要正義,但當人們是正義的,則需要友誼來做爲補充（註 26 ）。換言之，僅僅只講求正義，僅僅只講求人與人之間以及人與物之間的外在關係的明確化，可能可以在冷漠之中維繫適當的秩序，但卻無法傳遞彼此的溫暖與情感，更遑論親密關係的建立。正義在本質上就是敦促人們去進行計較、去要求應該要求的東西，當然，如果該計較的沒有被計較、該要求的沒有被要求，人與人之間的交互的秩序也會蕩然無存，但是，去計較與去要求終究是一種使人相互離立的力量。善的語言的倡導者黑勒(Agnes Heller)就認爲，好的生活的追尋並不是一種孤獨的事業(solitary enterprise)，而是必須奠基在人與人之間的齊聚性(togetherness)之上，「除非透過與他人的合作，否則我們無法將我們的稟賦發展成才能。選擇我們自己意味著選擇人類聯繫與人類合作，亦即對他人的選擇(the choice of others)。透過選擇一種好的生活的形式，我們就是在選擇一種齊聚性的形式‥‥好的生活始終是分享的，一種好的生活方式的選擇就是一種我們要藉以分享我們的生命的人類社群的選擇。」（註 27 ）因此，對黑勒而言，不同的人的不同的好的生活的實現雖然還是得仰賴正義，但好的生活在最終是超越正義的。無疑地，相較於在現今蔚爲主流的正義論述，善的語言的倡導者由於試圖轉置倫理學的關注焦點，從而也爲我們開啓了另一扇觀察省思的門窗。

其次，就權利而言，善的語言的倡導者認爲，任何一項權利都不是一種最終的訴求(ultimate appeal)，因爲任何一項權利都必須仰賴某種善或某種道德理由，它可能是平等的關注與尊重或其他的理由，端賴不同的權利而定。蓋爾史東這麼指出：「擁有一項權利就是擁有一項有效的宣稱，一項有效的宣稱則僅奠基在勝過所有的相互競爭的理由的某些理由之上‥‥故而，一項權利並非一個道德理由，而是道德理由的結果或結局。權利的語言最多只是一種便利的簡稱。」（註28）既然權利本身並不是獨立自足的，而只是一種衍生的存在，因此，蓋爾史東歸結出兩項結論，「第一，一般所理解的權利不能在政治哲學裡居於核心地位，因爲它們並未構成一種獨立的道德宣稱。權利的語言頂多只是人們所熟悉的道德理由的異質性集合的一種方便的替代物。第二，對於特定的物件、行爲或對待方式的權利，不能夠是絕對的或不容侵犯的。」（註29）另一位善的語言的代言人拜納(Ronald Beiner)進而指出，「權利的語言係寄生在一組先行存在的善的觀念之上」（註30），此外，以權利的語言來展開的政治論述，對於侵犯或違反權利的回應就是直截了當的不可容忍或命令式的禁止，相對地，善的語言在本質上則是建議性的，因此，以善的語言來展開的政治論述所具有的優勢是，更能夠容許諸如比較好、比較不好、比較可欲、比較不可欲這一類的考量（註31）。拜納因而強調：「以善的語言來提出政治爭論，是在開展而不是在封閉我們都可參與辯論的以及我們可以以不同的方式來加以估量的議題；而去訴諸權利的行使則是在排除所有的辯論，因爲被訴請的權利都被當做是不可協商的」（註32），甚至，「凡是可以被正當地以權利的語言來表述的事物,都能夠被毫無減損地轉換成善的語言。」(註33)。

要言之,善的語言的倡導者所欲突顯的重點有三:第一,權利的語言本身並不是獨立自足的,它無可避免地必須以特定的善來做為其論證的最終理據。第二,當面臨價值的衝突時,權利的語言往往會陷入各說各話、各自固守其所訴請的權利的僵局,相較之下,善的語言則較能提供轉圜的空間。第三,權利的語言的過度瀰漫,只會更加催化個人的孤立性與原子化的傾向,從而增加人與人間的帶著情感的交往與聯繫的難度。在我們看來,善的語言的倡導者對於權利的語言的上述批評,其嚴肅性和準確性是絕不容低估的,這絕不純粹只是政治理論裡的關於人的概念的理論爭論,而是在政治實踐裡也明白顯露的實際現象。

那麼,我們是不是因此就得徹底放棄權利的語言呢?當然不是,而且也不可能這麼做。我們不能因為權利的語言所產生的負面作用,從而就要來全盤推翻權利的價值,這也不是善的語言的較為明智的倡導者所欲看到的局面。現今的任何有著正常理智的人,應該不致希望再回到前近代時期那種個體性難以伸張的境地,那種專斷的權力可以恣意宰制個人的境地。我們以為,亦即本書所要建議的彌補之道乃是,若想適度排解權利的語言的負面作用,以及若想要更令人放心地賦予一般公民以更大的期許和作用,那麼,關鍵就在於講求個人的德性,就在於使公民們都能有在道德上勉力求其完善的自覺,就在於重新確認蘇格拉底式預設的價值。我們當然承認，德性的成全或道德品質的提高，在最終乃是個人的事務，不過，這並不是說政治社會在這方面就全然起不了作用。我們認為，政治社會可透過教育、法律、制度的變革等三方面，來協助及激勵個人提高其道德品質或成全其德性。

而在就這三方面進行討論之前，我們要先指出，晚近的倫理學或道德哲學的新發展，尤其是自安絲孔柏(Elizabeth Anscombe)以降的新發展，也逐漸反映了對“德性”的關注已越來越受到重視。大致說來，在本世紀上半葉，佔據著規範倫理學的論述空間的兩大傳統乃是本務論（康德傳統）和功利主義（結果論）。就本務論而言，道德乃是奠基在普遍的、不偏私的理性法則之上，其最典型的示例就是康德的定言律令。而在功利主義來說，道德無非就是那些能夠不偏私地促進最大多數人的最大幸福的行為法則。雖然並不是說本務論和功利主義就容不下德性這樣的觀念，但它們的最核心的理論觀念乃是義務。然而，在這兩大傳統之外的逐漸興起的新的傳統，一種既復古但又不失新意的新傳統，乃是德性倫理學(virtue ethics)。德性倫理學試圖將道德哲學的關注焦點，從義務轉移到個人德性的成全，從“什麼是應該被做的正確的事？”轉移到“我應該做什麼樣的人”或“什麼樣的生活才是值得欽羨的好的生活？”。舉例來說，對於為何我不應該說謊這樣的問題，本務論的回答是因為這麼做違反了每一個人可以理性地說服他自己的道德法則（或康德式的定言律令），功利主義的回答則是因為這麼做不太可能促進最大多數人的最大幸福，但德性倫理學的回答則是因爲這麼做是不誠實。不誠實是一種惡，是一種和誠實這項德性相對立的惡，是一種阻礙好的生活的體現的惡。亦即，德性倫理學關懷的重點不是外在的行爲，而是行爲主體的德性或善的體現（註 34 ）。在這裡我們不需要去裁決這三種傳統的優劣，這種裁決的工作應留待專業的倫理學家來從事。對我們來說，德性倫理學的抬頭至少意味著，政治社會之去協助其成員成全德生，並不是全然不能被討論的。接下來就讓我們針對政治社會可考慮採行的協助其成員成全德性及體現道德的三種途徑，逐一略做探討。

　　(一)透過教育：當代的主流的自由主義者強調，國家或政治社會對於何謂善、何謂好的生活的問題，必須嚴守中立，而不得去進行意有所指的倡導或貶抑，我們感興趣的是，如果要貫徹此一邏輯，那麼，學校或教育者到底應該給予被教育者什麼東西呢？有助於被教育者去選擇其職業生涯的專業知識或技術，例如電腦的原理、如何畫流程圖及撰寫程式、如何操作電腦，又如牛頓如何證明萬有引力及考察光的性質，他的這些發現對爾後的物理學又有何影響，再如不同的選舉制度各具有何種可能的政治後果，以及特定國家的選舉制度的變革背後的政治考量又爲何，又如古希臘的歷史家爲何特別鍾情於當代史的書寫，波利比亞斯所強調的撰寫政治史的三條件有無可議之處（註 35 ），再如伍迪·艾倫電影裡的心理分析場景與小津安二郎慣常使用的一長一少的對話，是否相當程度地反映了東西文化的對比，這類對比如何能協

助新一代的電影工作者思考電影裡的對話情境的設計與作用…等
等。或者說得更為宏大一些，教育者還可以協助被教育者去認識
他自己，去養成觀察、分析及評判的能力，去開發適應不同的情
境並能在其中進行創造的能耐，去造就發展及品味生命的本事。

　　我們當然承認教育者本身也必須被教育（註 36 ），同時也承
認教育者並不具有宰制或支配被教育者的正當權威（註 37 ），但
除了上述的功能之外，我們不禁要問，教育者難道不能像蘇格拉
底那樣，就各種德性要目（諸如誠實、正直、勇敢、孝順、忠誠、
仁慈、自信）和相對應的惡（諸如不誠實、狡詐、懦弱、不孝、
不忠、凶殘、自卑），來和被教育者進行溝通交流嗎？雖然這種
交流討論在最終或多或少都會涉及頌揚特定的善或好的生活。事
實上，期盼國家或政治社會在善的問題徹底保持中位，根本就不
可能做到，尤其如果其目的是為了要捍衛絕對的自由，那就更具
有荒誕的成份了，因為只要是生活在政治社會裡，就不可能有絕
對的自由。因此，我們可以說，中立性論題的出發點的確是良善
的，但徹底的中立性的主張不僅不切實際而且有害，它是一種必
須被破除的謎思，一種妨礙人們去講究人的品質的謎思。如果民
主的結局就是一切都被等量齊觀，就是質量標準（包括德性在內）
的被驅逐出境，那麼混沌的災禍恐怕就不遠了。再者，即使如同
本務論那樣從義務的角度來強調道德，教育仍舊是不容忽視的環
節，成功的教育過程將提供被教育者去訓練養成什麼事應該做以
及什麼事不應該做的可貴的操作經驗。柏拉圖和亞里斯多德早就

強調，道德（德性）必須從訓練中去養成，從而內化成一種習慣，這種見地依然是極其適切的。

　　向來極為看重教育的社會效用的杜威曾謂：「光成為一個好人是不足夠的，還必須是一個有用的好人。」（註38）誠然，使被教育者皆成為對社會來說是有用的好人，肯定是最理想的狀態，但如果這是一種過於理想化的奢望，那麼，我們傾向於認為，教育至少應該盡其所能地使受教育的人成為（道德上的）好人，成為懂得去尊重自己、也知道去尊重別人的好人。我們以為，這才是一個有尊嚴的社會的最終希望之所寄，也是任何的主動公民身分的主張、任何的要讓民主社會裡的公民扮演更積極角色的主張，所不能不仰賴的前件（註39）。因此，只考慮工具性價值、只著眼於提高所謂的國家競爭力的教育理念，從長遠看恐怕都是短視而又具有自毀性的。盧梭曾這麼嘲諷他那個時代的學院（亦即大學）：「我並不將我們的可笑的學院視為是公共機構‥‥它只能調教出一些偽君子，這些人佯裝一切都是為了別人，但卻處處都只想到他們自己。」（註40）盧梭的這項嘲諷式的警告，委實是我們不能不深加省思的。

　　(二)透過法律：法律在本質上是一組由國家的制裁權所支撐的強制性規則，在一般的理解裡，它最主要的作用在於維繫正義，在於保障權利以及處罰各種侵權行為，因此，黑格爾這麼寫道：「犯罪行為並不是一項最初的、肯定的事件〔亦即，"權利"先於犯罪行為、侵權行為而存在〕…相反地，犯罪行為本身就是否定的，因此，處罰僅僅只是否定的否定。」（註 41 ）換言之，侵犯他人權利的犯罪行為本身就表徵了一種無效性(nullity)，而司法的處罰就是要來取消這種無效性，並復原被侵犯的權利。不過，無政府主義者並不這麼看待法律，例如托爾斯泰(Leo Tolstoy)就認為，法律所反映的絕不是理性或正義，它所反映的只是擁有權力的人的意志，因此，法律的本質就是暴力，「只要有法律存在，就必定有強迫人們去服從它們的力量存在。而只有一種力量能夠強迫人們去服從規則（也就是說，去服從其他人的意志），那就是暴力。並不是人們在激情的時刻所相互施加的暴力，而是由擁有權力的人所行使的組織化的暴力，其目的是要強迫他人服從他們（擁有權力的人）所制定的法律，換句話說，〔要強迫他人〕去實現他們的意志。」（註 42 ）

　　深入究之，不管是在古代或是在現今，的確有許多法律是在擁有權力的人的影響下的產物，從而使他們的和社會裡的其他人的需求不能相調和的私人利益獲得法律的保障。然而，我們也必須指出，並不是所有的法律在性質上都是如此，例如用來處罰非政治性犯罪的法律（譬如偷竊、搶劫、擄人勒贖、強暴、謀殺、侵占），我們很難說這一類的法律不是在保障權利和維繫正義，我們很難說這一類的法律只是在實現擁有權力的人的意志。無論如何，無政府主義者由於他們特有的對個人自主性的絕對堅持，以及相應地對於任何形式的權威的敵意與反對，使他們侷限於從特定的角度理解法律，其得失已然十分明顯，在此不另贅論。

　　我們要特別加以探討的則是：該不該透過法律來促進道德？
要討論這個問題，就不能不回溯到英國在一九五七年所公布的《沃
爾凡頓報告》(Wolfenden Report；其全名爲 Report of the Committee
on Homosexual Offences and Prostitution；因這項研究調查的主持
人爲 Sir John Wolfenden，故有此簡稱)。以今天的眼光來看，《沃
爾凡頓報告》應該是一份具有進步意義的歷史文件（至少相對於
它公布時的時代氛圍而言是如此)。《報告》所做的建議是，人
的行爲應該被區分爲私人道德行爲與公共道德行爲，而法律不應
該去干涉私人道德行爲，不管這些行爲是不是不道德的或違反道
德慣例的，這個範圍裡的行爲不是法律所應過問的。因此，非典
型的(atypical)或“不道德的”性行爲如果經過成年的事當人的彼
此同意，並且私密地進行，而未對其他的無關的第三者造成傷害，
亦即如果不是“不道德”的對外展示(outward display of immo-
rality)，則法律就不應進行干涉。所以，私密進行的同性戀行爲與
賣春是可以被允許的，而公然展示的同性戀行爲或阻街拉客
(soliciting)才是法律應該加以干涉的（註 43)。在《報告》的影
響下，英國才於一九六九年廢除處罰同性戀的法律。我們不要忘
了生未逢時的王爾德(Oscar Wilde)，曾於一八九五年因爲同性戀行
爲，而被判處兩年懲役。

　　在我們今天，對於同性戀的道德性，一般說來已經有了更人
道的認識（這並不是說具有侵略性的異性戀者就已經不存在)。
不過，在我們看來，只要人類社會不承認同性戀者的合法的婚姻

權，那麼就意味意異性戀者的多數暴力依舊存在。在這我們就不再追究《報告》對於同性戀的道德性的評判。而在《報告》發表之後所引發的理論風潮則是，以戴弗林(Patrick Devlin)爲代表的法律道德主義(legal moralism)對《報告》所展開的批評。在戴弗林看來，去談論所謂的私人道德，並且主張未對外展示的私人的不道德行爲不應爲法律所干涉，乃是徹底錯誤的見解，相反地，法律之對抗不道德是沒有邊界的。所有的不道德的行爲和舉動，無論它是不是基於當事人的同意，無論它是否對不相關的公眾造成傷害，也無論它是否爲一種公開的展示，都一律應該受到法律的管轄與介入。戴弗林指出，如果不是這樣，那麼，情況將變成是：「安樂死或應他人自己的請求而將他殺死、自殺、企圖自殺、自殺契約、決鬥、墮胎、兄妹之間亂倫等等，統統都是可以被私密地進行、亦不會對他人造成傷害、同時也不涉及腐化他人或利用他人的行爲。」（註44）

　　對戴弗林而言，刑法必定是奠立在道德原則之上的，而去守衛一個社會的道德原則乃是法律的重要任務，「社會意味著一個理念的社群(a community of ideas)，若沒有一些共通的關於政治、道德和倫理的理念，社會就不可能存在‥‥如果男人們和女人們試圖在缺乏關於善與惡的根本共識的背景下創建一個社會，他們必將失敗；而如果原先已將社會奠立在共同的共識之上，但後來共識消失了，社會亦將解體。由於社會並不是由物理力量所聚合的東西，它是由共同的想法(common thought)的不可見的枷鎖所維

繫的，如果枷鎖過於鬆弛，成員們就會分崩離析，一種共同的道
德就是枷鎖的一部分。枷鎖乃是社會的代價的一部分，而人類是
需要社會的，因此，就必須付出代價。」（註45）更進一步來說，
「社會有權藉著它的法律來使它免於危險，不管是來自於社會內
部或社會外部的危險‥‥一種確立的道德和良好的政府一樣，都
是社會的福祉所必要的。社會之從內部解體比起被外部壓力所擊
潰，還更容易發生。當共同的道德不再被遵守，就會發生解體，
而歷史一再顯示道德枷鎖的鬆弛化往往就是解體的第一個階段，
故而社會之採取和它去維護其政府以及其他重要制度一樣的步驟
而去維護其道德律，乃是正當的。壓制惡就如同壓制顛覆活動一
樣，皆是法律的事務；去界定一個私人道德的領域和去界定一個
私人的顛覆活動的領域一樣，都是不可能的‥‥國家去立法對抗
叛國和叛亂的權力是沒有理論限制的，同樣地，我認為去立法對
抗不道德也不能有理論限制。」（註46）

　　要言之，戴弗林所代表的是一種剛性的法律道德主義的立
場。他將道德的維繫與否視為是社會能否存在的關鍵，因為社會
的存續不能不仰賴成員之間共同的想法和精神面向的內在凝聚
力，而道德即是其中的重要構成部分，因此，法律遂被他期許以
維繫、守衛道德的重要任務。顯而易見，在他的理解裡，人們將
不得擁有做出不道德的行為的自由，同時，也不可能去界定一個
私人道德／不道德的領域，因為大規模的不道德的行為，不管是
不是私密地進行，終將侵蝕社會的內在凝聚力，從而將社會逼向

解體之路。如我們所知，用來批評法律道德主義的主要理由乃是，一個社會若完全仰賴法律來維繫道德及制裁不道德，只會使其成員喪失道德快擇(moral choice)的機會，從而使得道德變得僵化而缺乏生命力，因爲人們是由於害怕被處罰而才去遵守道德，人們並不是真誠地、發自內在地要去挑起道德職責。在批評者看來，道德必須建築在個人自主性之上，而去遵守道德的決斷應該出自於個人的自發的自制(voluntary restraint)（註47），而不是因爲屈從於法律的制裁的威脅。

　　批評者的這番論點當然不是無的放矢，甚至相當程度地指出了戴弗林的保守性，但我們要問的是，一個國家能否完全不透過法律來守衛道德，而還能存在呢？亦即，"道德中立的最小限度的國家"(a morally neutral minimum state)能夠存在嗎？對於此一問題能夠給予絕對肯定的回答的大概只有無政府主義者，因爲他們理想中的人類都具有自發的自制的能力，而無需透過外在權威的強制就知道爲所當爲。但對於絕大多數的尊敬無政府主義的高卓理想但卻不敢像無府政主義者那般樂觀的人來說，上述的理想人類恐怕只活在天國裡，而很難在我們這個世上被普遍見到。這裡的訊息又是什麼呢？那就是在事實上一個國家不可能完全不透過法律來守衛及促進道德，即使康德都曾經這麼寫道：「但人天生在道德上是善還是惡呢？他都不是，因爲人並不是生來就是一個道德存在。只有當他的理性已然發展出責任和法律的理念，人才成爲一個道德存在。」（註48）撇開康德的強調道德做爲一種責任或義務的本務論立場不論，他依舊突顯了道德和法律的緊密關係。而就現實經驗觀之，我們也不難發覺，道德的法律化乃是各國的通例（註 49 ），主要的不同只是在於程度的差別。道德的法律化程度愈高，則遂行不道德之行為的自由就相形減縮。但這並不是說人們之不為不道德之舉，都是由於畏懼法律的處罰而致之，最明顯的例子就是，可能有許多人並不知道未經許可而私自拆閱他人信件是一種罪（我國刑法三一五條、日本刑法一三三條），但他們仍能出自於道德良知或自我的德性要求而不為之。

綜上所論，我們不難看出，戴弗林的法律道德主義雖然保守，但仍正確地指出了法律很難完全和道德無關，以及一定程度的道德共識對於社會之存續的必要性。再者，主張遵守道德的決斷應該出自於自發的自制的論點，也並未完全否定以法律來強制道德的做法（無政府主義者則另當別論），否則殺人、搶劫、擄人勒贖、強姦等嚴重的不道德行為又該如何處置呢？因此，我們有如下的歸結與推論：

第一，法律不可能只奠基於強力之上，相反地，道德始終都是支撐法律（這裡特別是指刑法）的骨架，否則，我們如何能透過法律來正當地處罰搶劫、殺人、偷竊等行為呢！

第二，法律（刑法）也背負著維繫一個社會的道德共識的任務，道德共識的崩潰終將導致法律所要服務的那個社會的解組，雖然其嚴重性可以不必像戴弗林所描述的那樣。

第三，用法律來懲罰不道德，並不必然意味著剝奪了人們去踐履道德的自主性，因爲對不道德的懲罰只是標明了社會的容忍的界限，只是一種消極的提醒。而消地地避免不道德的行爲並不等同於就是在積極地成全德性，這中間還存在著很大的中介地帶，一個必須透過人們的主動的作爲才能跨越的中介地帶。而前述的德性倫理學正是協助我們看清此一中介地帶的具體存在的佐助。

第四，關鍵的問題就在於道德是如何被認定的，或者更明確地說，就在於法律所欲處罰的不道德或所欲促進的道德是如何被認定的。這其中所涉及的問題當然是十分複雜的，但基本原則或許應該是以理性的說服(rational persuasion)做爲認定的準據，而不能落入道德民粹主義(moral populism)的窠臼之中，亦即，不能認爲多數人或多數意見就擁有去訓令人們該如何生活的道德權利（註50）。

總之，我們之主張法律可以做爲促進道德的手段，並不要否定人們的道德抉擇權，也不是要將人們矮化成徹底被強迫的道德動物。事實上，再嚴峻的法律也不可能完全禁絕挺而走險者的僥倖冒進。但我們認爲，嚴格意義底下的可以被理性說服的道德律之被具體化爲法律，乃是要更確切地表明整個社會的道德期許，以及對於不道德行爲的厭惡，進而惕勉社會成員從避免不道德漸次昇拔到德性的成全。不過，無論如何，法律雖然是懲罰不道德的最後防線，但它不能被視爲是促進道德的最主要的手段，而只能是一個可以被善加利用的輔助手段。

　　(三)透過制度的變革：人是制度的創造者，但制度被穩定地結構化之後，在它還沒有被改變之前，就一直具有形塑及影響人們的動機和行為的作用力。一夫一妻的家庭制度要求男女之間的感情追求只能在無婚姻關係時才能被自由地展開，一旦有了婚姻關係就必須互以配偶為投注男女之情的對象。但事實經驗表明，並不是所有的人都願意臣服於此一要求，因此，便存在著相關的道德規範與法律來強制人們的服從。而試圖追求自由的愛情與性愛的解放的人，就必須以一夫一妻的家庭制度做為顛覆的對象，否則就只能在此一制度的邊緣縫隙中滲透遊走，同時還得承受各種外在的與內在的壓力。又如電影檢查與分級制度的存在，也影響著電影創作者的創作實踐，一個以市場為主要考量的創作者，當面臨到涉及分級關卡的鏡頭時，可能就寧願犧牲原有的創作意念，以求能使影片被列為普遍級，從而擴大這部電影的潛在觀眾群的範圍。再如僵化而嚴苛的汽車駕照考試制度，使考照者流於公式化的方向盤駕御技巧的學習，而當其考取執照之後，卻又未必具有在真實路況中驅車前進的能力。

　　制度可謂是人的行為的文法的對照標準，亦是人的動機抉擇過程中的參考座標。如果較為寬鬆地應用孔恩(Thomas Kuhn)的論點，那麼，一個制度亦可視為是一個規定行為的典範(paradigm)。在一個特定的制度底下，各種行為所具有的意義是十分明確的，有助於鞏固典範的行為受到讚揚，試圖質疑、挑戰典範的行為則會被警告，甚至被鎮壓。從這個角度來說，人類生活方式的變遷史，就是制度的變革的歷史，就是行爲的文法構造的更迭史。新的行爲要想取得正當性，就必須獲得既存文法的承認，倘若既存文法拒絕予以承認，那麼，就只有改變文法一途，亦即，就只能改造現有的制度。同樣地，當新的文法構造確立之後，與其不相容的行爲（不管它原先在舊的文法構造裡享有多麼崇隆的正當性），就不得不退避到邊緣的地位，並逐漸成爲歷史的遺跡。

　　既然制度之作用如此之明顯，當然就格外引起我們的關注。如眾所知，人類的經濟生活樣式深刻影響了其他生活面向的內容，這是不必訴諸歷史唯物論就可以理解的。顯而易見，人類現今的經濟生活樣式，姑且不論不同地區的水平的落差，主要乃是在資本主義經濟體制底下展開的。從經驗事實來看，資本主義確有其傲人之處，和先前存在過的經濟體制相較，資本主義的確是具有最大的物質生產力的一種經濟體制，同時也是一部極其有效的經濟成長的機器。主要的原因在於資本主義乃是以制度化地撩動人們的自利性與利潤動機爲其內在動力，並外在地表現於資本的累積與再生產的永不歇止的循環過程之中。不管資本主義精神在其最初發源之際是否如韋伯(Max Weber)所說的係與新教式的禁欲主義相關聯（註51），隨著時代氛圍的大幅改變，現今的資本主義的循環運動已和禁欲主義漸行漸遠。韋伯無緣看到資本主義邏輯所必然導致的廣告革命，也無緣看到金融資本與科技條件所促成的金錢遊戲的革命性改變，這些變化使得大量消費成爲更大規模的、速度更快的資本再生產的要件。

　　在資本主義經濟體制底下，人們的經濟行為的文法顯然是環繞著“牟利”(profit-making)這個核心而漸次延伸的。因此，只要是不違反法律的牟利行為，就是正常的、合乎文法的行為，而諸如公平交易法、消費者保護法這一類的法律，其目的即在於以國家的強制力來鞏固經濟行為的文法構造。而我們所關心的是，以牟利為核心的行為文法正是鼓動惡行的溫床，正是阻撓人們在德性上勉力求其完善的障礙。但是我們必須特別強調，我們並不認為以廢除私有財產來推倒資本主義經濟體制，從而徹底更新與其相匹配的經濟行為的文法，會是一種可行的做法。和馬克思不同的是，我們不認為必須以這麼大的調度、這麼大的翻天覆地的改變來因應問題。相反地，我們所要提出的是一種局部性的制度變革的建議（雖然這肯定仍具有爭議性），一種仍然保留私有財產、仍然尊重人們的自利性與牟利需求，但卻能協助形塑出有利於鼓舞人們去提高道德品質的新的經濟行為文法的建議。

　　這項建議的槓桿就是訂定財產繼承的上限，並且將超過此一上限的剩餘財產，讓渡給社會進行以促進公善為目的的利用。早在百餘年前，約翰・彌爾在其《政治經濟學原理》一書中就曾有此提議（註 52 ），於現今觀之，此項提議仍值得參酌。在我們看來，倘若人類的財產繼承制度由現今通行的子女的無限制的繼承權，轉化成服從某一個上限規定的有限繼承權，那麼，這並未剝奪人們從擁有私有財產所得到的便利與滿足，同時也不必去費力翻動資本主義經濟體制，但卻能收到莫大的改善效果。哪些改善效果呢？最主要的就是由於財產所有人已不能無限制地將其財產遺贈予其子女，將可能使愈來愈多的人不以追求財富或牟利做為人生的主要目標，從而能夠在物質需要無庸疑慮之後，更多地去發展他的生命潛能與創造力，去進行其他更積極的、更有益於社群的活動。再者，如果社會所接收的剩餘財產還能夠用來資助那些生於經濟條件較為困頓的家庭者，從而使社會的每一個成年成員至少都能擁有基本生活所需的物質條件，都能擁有一個合理的立足點，那麼，其效果就更為良善了。在這樣的格局底下，人的經濟行為的文法逐漸地勢必產生根本性的變化，而且依我們的揣想，變化的方向應該是朝著牟利競爭的激烈程度的降低，以及為了使用與創造的生產活動的重要性的提高。這樣的行為文法應該更有助於根本性地減低源自於利欲薰心的諸種惡行的出現頻率，同時使相互尊重的空間變得更為廣大。雖然我們不想過多地誇大上述槓桿（亦即財產繼承上限的訂定）的作用，但我們有相當的理由相信，這是以最小的制度變革來有效改良經濟行為的文法，進而被助人的道德品質的提昇的可供參考的路徑。

不過，質疑者可能會問，我們憑什麼對財產繼承權加以限制呢？筆者在另一篇論文裡（註 53 ），曾較為詳盡地論證了此一提議的合理性，其要點是：私有財產之由現任財產所有人的子女來進行繼承，在最初只是為了避免現任財產所有人辭世之後，其財產陷入無主狀態(res nullius)所產生的困擾與難題，因此，子女對其父母之財產的無限繼承權並不是私有財產的本性(physis)，而只

是一種基於便利的人為規範(nomos)，它最多只享有局部的正當性
而絕非必然之理。在這種情形下，無限繼承權與有限繼承權的爭
論，就形同是兩種關於私有財產之代間移轉的人為規範的爭論，
任何一方都無權宣稱它的絕對正確性。我們之主張以一個繼承上
限為槓桿的有限繼承權，雖然亦不享有絕對正確性，但終究是考
量到資本主義底下的經濟行為文法的缺失，以及這類缺失對於人
們的道德品質的不利影響，並顧及這種不利影響的政治效應，而
提出的一種替代性的人為規範。在我們這個時代，如果還高聲歌
頌資本主義的完美無瑕，就不無自欺欺人之嫌，福利國家政策無
疑地就是針對著資本主義的內在弊病所做的政治矯正。我們認
為，從長遠來看，子女的有限繼承權這根槓桿將具有更大的矯正
效果，同時還可能對資本主義起到質變作用。但我們也得承認，
這項提議的首要關懷是人類的經濟行為的文法，以及與此緊密相
關的群體生活的互動關係，而不是物質生產力的（往往是以地球
生態為代價的）狂飆突進。因此，我們恐怕也很難說服物質生產
力的崇拜者。

　　總之，通過對於民主體制度的進一步剖析，我們意識到蘇格
拉底式預設即使在當代仍不失其啓發性。如果說群眾的躍起、群
眾的盤據公共空間乃是民主所必然隱含的許諾，那麼，公民的總
體品質（尤其是道德品質）就格外重要了。在本章我們針對政治
社會可考慮採行的協助其成員提高其道德品質的三種途徑進行了
初步的探討，我們之所以敢於實驗性地朝此一方向探進，乃是因

為我們認為質疑及反對此一方向的立場——亦即不可能論和不可欲論——並不具有足夠完善的論證，並不能徹底排除其他方案的正當性（見本書第二章第二及第三節）。再者，我們雖然指陳了權利語言的極端發展的弊端，但我們並未否定權利在政治生活裡的關鍵性，相反地，我們所要強調的是，唯有當公民的道德品質獲得普遍的提昇，權利才更可能在相互尊重的背景下透顯它的積極性，而不致成為相互交鋒的個人利益的砲台。並不是只有暴力才能做為人們相互摧毀的手段，道德品質不佳的權利擁有者的過激演出，也可能侵蝕人們彼此之間的互信，從而變相地步上相互苛虐之路，而這顯然不是人們生活在政治社會的本意。

註　釋

註 1 ：引自 Jonathan Barnes ed., *Early Greek Philoophy*, Har-
　　　mondsworth: Penguin, 1987, p.277.

註 2 ：當然，在公民參與這個面向，古雅典依舊是現今的民主體
　　　制所難以望其項背的。但古雅典的實際經驗也不宜被過度
　　　美化，因為雅典公民並未直接行使所有的權力，他們仍然
　　　在特定面向上透過選舉而將某些權力授予當選人（例如行
　　　政官和將軍）來行使。但誠如梅寧(Bernard Manin)所指出
　　　的，古雅典的直接民主體制和現今的代議民主體制的主要
　　　差別在於，享有政治權力之職位的選任方式(the method of
　　　selection)的不同。代議體制僅僅只透過一種選任方式來授
　　　予政治權力，那就是選舉；而古雅典則除了選舉之外，還
　　　大量地仰賴抽籤這種選任方式。正是後面這項在當代幾乎
　　　已經絕跡的選任方式，才突出了直接民主體制裡的公民的
　　　“在公民大會裡發言的平等權利”(isegoria)這項基本原
　　　則，因為抽籤使每一位公民在享有政治權力的機會上是平
　　　等的。同時，這項選任方式也確保了公民參與的空間。詳
　　　參 Bernard Manin, *The Principles of Representative Govern-
　　　ment*, Cambridge: Cambridge University Press, 1997, ch. 1.

註 3 ： Michael Sandel, *Democracy's Discontent*, Cambridge, Mass.:
　　　Harvard University Press, 1996, p.3.

註 4 ： Popper, *Unended Quest*, p.198.

註 5 ： Karl Popper, "The Open Society and Its Enemies Revisited", *The Economist*, April 23, 1988, pp.23-26.

註 6 ： Chantal Mouffe, "Democratic Citizenship and the Political Community" in her *The Return of the Political*, London: Verso, 1993, esp. pp.67 and 72. 很明顯地，茉菲的這些見解係受到區克夏的"respublica"和"civitas"的影響。

註 7 ： Michael Oakeshott, "The Masses in Representative Democracy" in his *Rationalism in Politics and Other Essays*, new and expanded edn., Indianapolis: Liberty Press, 1991, pp.264-365. 關於區克夏在這方面的見解的出色的國內研究，可參考陳思賢，＜區克夏論政治社群＞，台大政治系《政治科學論叢》，第六期，一九九五年，第一七一至一九四頁，尤其是第一八二頁以降。

註 8 ： Oakeshott, *op. cit.*, p.370.

註 9 ： *Ibid.*, pp.371-373.

註 10 ： *Ibid.*, p.373.

註 11 ： Friedrich Nietzsche, *On the Genealogy of Morals; Ecce Homo*, trans. and ed. by Walter Kaufmann, New York: Vintage, 1867, p.36-37.

註 12 ： Oakeshott, *op. cit.*, p.377.

註 13 ： *Ibid.*, p.380.

註 14：*Idem.*

註 15：Elaias Canetti, *Crowds and Power*, trans. by Carol Stewart, New York: Noonday Press, 1973, pp.15-16.

註 16：*Ibid.*, p.77.

註 17：John Stuart Mill, *On Liberty*, ed. by Gertrude Himmelfarb, Harmondsworth: Penguin, 1974, p.187.

註 18：Robert Nozick, *Philosophical Explanations*, Cambridge, Mass.: Harvard University Press, 1981, p.503.

註 19：Rawls, *A Theory of Justice*, pp.3-4.

註 20：Dworkin, "Liberalism", p.136.

註 21：Alan Gewirth, "Are There Any Absolute Rights" in his *Human Rights*, Chicago: The University of Chicago Press, 1982, esp. pp.232-233.

註 22：Quentin Skinner, "The Paradoxes of Political Liberty" in David Miller ed., *Liberty*, Oxford: Oxford University Press, 1991, p.203.

註 23：*Ibid.*, p.204.

註 24：*Ibid.*, p.205.

註 25：William Galston, *Justice and the Human Good*, Chicago: The University of Chicago Press, 1980, p.282.

註 26：Aristotle, *Nicomachean Ethics*, 1155a.

註 27：Agnes Heller, *Beyond Justice*, Oxford: Blackwell, 1987, p.324.

註 28 ： Galston, *op. cit.*, pp.140-141.

註 29 ： *Ibid.*, p.127.

註 30 ： Ronald Beiner, *What's the Matter with Liberalism?*, Berkeley: University of California Press, 1992, p.84.

註 31 ： *Ibid.*, pp.86-87.

註 32 ： *Ibid.*, p.89.

註 33 ： *Ibid.*, p.82.

註 34 ：關於德性倫理學的特徵及當前面貌，參考 Roger Crisp and Michael Slote, Editors' "Introduction" to *Virtue Ethics*, Oxford: Oxford University Press, 1997. 相關的說明可參考 Annas, *An Introduction to Plato's Republic*, pp.157f.

註 35 ：波利比亞斯所指出的三條件是：必須有實際的從政經驗、必須親臨現場進行驗證、必須涉獵史料。而波氏本人的確是三者皆備，詳參 T. J. Luce, *The Greek Historians*, London: Routledge, 1997, pp.130f.

註 36 ：此語出自馬克思＜費爾巴哈論綱＞第三條，見 Karl Mzrx, *Early Writings*, trans. by R. Livingstone and G. Benton, Harmondsworth: Penguin, 1975, p.422.

註 37 ：對於教育者之自恃其權威的批判，可參考莊文瑞，＜校園的知識／權力分析＞，東吳大學哲學系《東吳哲學學報》，第二期，一九九七年，第一九七至二〇六頁。

註 38 ： John Dewey, *Democracy and Education*, New York: Free

Press, 1944 (1961), p.359. 這原是一句西洋諺語，而杜威對
之極表贊同。

註39：我們不諱言我們對於人類現今的教育體制的安排，仍抱持
著相當程度的保留與懷疑。在資本主義邏輯底下，教育很
難完全擺脫做為各種人力資源、各種要被商品化的勞動力
的培訓階段這樣的色彩。在這種邏輯底下，各種建制化的
教育場所（主要是各級學校），除了是商品經濟所需的各
種人力資源的培訓所和篩選機構，它們同時也是收容所，
那就是用來安置白天去從事生產活動的各種勞動者的未
成年子女的收容所。我們深切地盼望，未來的人類能設想
出更人道的、更符合他們的需要的社會生活的組織方式。

註40：Jean-Jacques Rousseau, *Emile*, trans. by Barbara Foxley,
London: Everyman, 1993, p.9. 以外，大約和盧梭同時代的
近代刑罰學的先驅人物貝卡里亞(Cesare Beccaria, 1738-
1794)亦指出：「預防犯罪的最可靠的但也是最艱難的方
式就是改善教育。這個題目太廣泛了，並且也超出了我〔在
本書〕給自己設定的範圍。」(引自 Beccaria, *On Crimes and
Punishments and Other Writings*, trans. by Richard Bellamy
et. al., Cambridge: Cambridge University Press, 1995, p.110)
的確，教育這個題目實在是太廣泛了，因此，在大致說明
了教育對成全道德的重要性之後，我們也不得不擱下這方
面的討論。

註 41 ： G. W. F. Hegel, *Elements of the Philosophy of Right*, trans. by H. B. Nisbet, Cambridge: Cambridge University Press, 1991, para.97, p.123.

註 42 ： Leo Tolstoy, *The Slavery of Our Times* 轉引自 George Woodcock ed., *The Anarchist Reader*, Glasgow: Fontana, 1977, pp.117-118.

註 43 ： 參看 Norman Barry, *An Introduction to Modern Political Theory*, second edn., London: Macmillan, 1989, pp.216-221; Robert George, *Making Men Moral*, pp.48-49 and 51-52; Patrick Devlin, "Morals and the Criminal Law" in R. M. Dworkin ed., *The Philosophy of Law*, Oxford: Oxford University Press, 1977, esp. pp.66f; H. L. A. Hart, *Law, Liberty, and Morality*, Oxford: Oxford University Press, 1963, pp.13-15.

註 44 ： Devlin, op. cit., p.71.

註 45 ： *Ibid.*, p.74.

註 46 ： *Ibid.*, pp.76-77. 喬治(Robert George)曾經對戴弗林的論點做了深入剖析，並檢討哈討(H. L. A Hart)對戴弗林的批評，最後還進一步修正了戴弗林的過於強硬的論點，而試圖論證道德立法(morals legisltion)的正當性，他的討論極具啓發性，詳參 George, *op. cit.*, ch.2.

註 47 ： Hart, *op. cit.*, p.58.

註 48 ： Immanuel Kant, *Educatioin*, Ann Arbor: University of Michigan Press, 1960, p.108.

註 49 ：以我國爲例，刑法三〇九條：「公然侮辱人者，處拘役或三百元以下罰金。」（公然侮辱罪）刑法三一五條：「無故開拆或隱匿他人之封緘信函或其他封緘文書者，處拘役或三百元以下罰金。」（妨害書信秘密罪）刑法二九六條：「使人爲奴隸或使人居於類似奴隸之不自由地位者，處一年以上七年以下有期徒刑。」（使人爲奴隸罪）刑法二四〇條：「有配偶而與人通姦者，處一年以下有期徒刑。其相姦者亦同。」（通姦罪）刑法二九三條：「遺棄無自救力之人者，處六月以下有期徒刑、拘役或一百元以下罰金。」（無義務者之遺棄罪）再以德、日兩國爲例，德國刑法三二三Ｃ條：「意外事故、公共危險或困境發生時需要急救，根據行爲人當時之情況有急救之可能，尤其對自己無重大危險且又不違背其他重大義務而不進行急救者，處一年以下自由刑或罰金。」日本刑法一八八條第一項：「對神祠、佛殿、墓地或其他禮拜場所公然爲不敬行爲者，處六月以下懲役或監禁或五萬元以下罰金。」日本刑法一二一條：「當水災之際，隱匿或損壞防水用具或以其他方法妨害治水者，處一年以上十年以下懲役。」（德、日兩國法例引自蔡墩銘譯，《德日刑法典》，台北：五南，一九九三年）無疑地，上述所引法例皆在懲罰特定的不道德（惡），或勸勉特定的道德（善）。

註 50 ：關於道德民粹主義的不當，參考 Hart, *op. cit.*, pp.77-81.

註 51 ：參看 Max Weber, *The Protestant Ethic and the Spirit of Capitalism*, trans. by Talcott Parsons, London: Routledge, 1930, esp. ch.v.

註 52 ： John Stuart Mill, *Principles of Political Economy*, Fairfield, New Jersey: Augustus M. Kelley, 1987, bk.. II, ch.2 esp. pp.224f.

註 53 ：詳見拙文，＜財產必須被繼承嗎？＞，中興大學公行系《行政學報》，第二十七期，一九九六年，第一至三十六頁。

第六章　結　論

　　二十世紀見證了民主的勝利，也見證了資本主義的更快速的全球性擴展，這兩股分別代表政治力量與經濟力量的交織聚合，構成了這個世紀末的（以及即將到來的下個世紀初的）人類情境的底蘊。當然，任何歷史力量的展現，都反映了支撐該種力量的人們的心理樣態和行爲文法，因爲使歷史力量得以凝固並產生具體作用的，始終都是由於人的緣故。但是，人與歷史力量之間的拉距是十分複雜的，有些時候人情願成爲歷史力量的表現的演員，甚至不自覺歷史力量對他的擺布，另一些時候人可能不僅意識到歷史力量的存在，並且還試圖翻轉歷史力量的內在形式，以期從不友善的歷史力量的桎梏中走出，此外，不同的人對於歷史力量的感知與評判斷終存在著個別差異。維根斯坦曾經感嘆道：「人一直忘記去直探根本，人沒有將疑問號(the question marks; Fragezeichen)放置得足夠“深入”。」（註１）因此，政治理論即使不能供給確定不移的答案，至少也應該在面對人類的政治生活時，將疑問號放置得足夠深入，將歷史力量的內在肌理暴露得更爲清晰，將既存的行爲文法構造的疑難之處做更直接的、不掩飾的陳示。

　　立足在二十世紀即將終結的門檻，英國史家霍布斯邦(Eric Hobsbawm)在回顧我們這個時代與第一次世界大戰前後那個階段

的主要對比時指出，我們這個時代的明顯徵候之一就是“絕對的
非社會的個人主義”(absolute a-social individualism)的抬頭（註
2）。這樣的評斷無疑是十分沈重的，即使不必完全贊同霍布斯邦
的評斷，我們也不得不承認其中的若干道理。事實上，近代以降
的爭取權利的長程運動，乃是與個人意識的明確化緊密相關的。
沒有個人意識的覺醒、沒有個人之認識到他是可以獨自面對世界
的不可化約的基本單位這個前奏，有關權利的理論論證與實踐抗
爭就無從展開。而權利語言的漸趨深刻化，則更強化了個人做為
一個基本單位的不可化約性（註3）。此外，近代民主進程的邁
開從一開始就不是以有機的方式來理解所謂的人民，相反地，人
民乃是指涉著“個人”的數量的、機械的聚合，人民做為一個全
稱無非只是一群各自獨立的、各有所想的“個人”的集合。再者，
資本主義雖然不排除幾個人或一群人聯合起來從事生產或進行消
費，但資本主義乃是一種不折不扣地奠基在個人的自利心與利潤
動機之上的經濟體制，在資本主義底下，所有的交換活動在最終
都是個人導向的。因此，近代以降的歷史圖像就是一幅以個人為
基本構圖、並且其色澤不斷被加深以及其輪廓不斷被突顯的圖
像。個人的激暴迅猛的解放，力道地標誌著雙腿直立哺乳動物的
嶄新紀元，而雙腿直立的意義也在生物面向之外，還添入了社會
面向的意涵。

　　個人主義的凱旋所代表的正面性肯定是不容否認的，個體性
的覺醒與深化大大助長了人們去窮盡其生命潛能的積極意圖和可

能性,數以數十億計的基本單位的行動能量的釋放,扣除掉相互牴觸沖銷的部分,其所展現的動能的歷史累積不能說是不可觀的。但這項凱旋並不是不用付出代價的,從某個角度來說,當代的社群主義者就是試圖嚴肅地對待這些可能的代價,並竭盡所能地做出警告與提醒(註4)。不管霍布斯邦的用詞是否恰當,至少他確實點出了我們這個時代的憂慮,一種由於個人主義的未受到合理的節制所牽引出來的憂慮。如前所述,民主與資本主義是形塑當前的人類情境的兩大歷史力量,問題就在於倘若個人主權的理念被推展到極端或接近極端,則民主和資本主義的醜惡面就一一浮現,不僅顯現在制度面向上,同時也顯現在人們的行為文法上。換言之,未受到合理節制的個體性發展到最顛頂,在前方等待的恐怕就是個體性彼此之間相互毀解格鬥的淵谷,一種在文明的掩飾下悄然登場的新霍布斯式的自然狀態。

然而,個體性的引擎一經啓動,就很難回頭,況且我們也認為不應該回頭,不應該逆退到個體性無以伸張的老舊情境,不應該搗毀數十代人的果敢奮進所累積的歷史成果。走回頭路不僅欠缺積極性,而且還是一種時空錯置的對策。那麼,我們該如何因應呢?誠然,以羅爾斯為首的正義論述是跨出了積極的步伐,是看出了個體性的展開必須在一個合理的、能夠被人們理性地同意的社會架構裡來運作,羅爾斯較霍布斯和洛克更為進步之處在於,他試圖(至少在理論上)給予同意的表達以一個更平等的基礎。但是,無論如何,當代的正義論述的關注重點始終在於個體性的活動疆界的劃定，以及在於用來容納個體性的展開的社會結構所應具有的性質。我們從不否認這項工作的重要性（此外，不能被忽略的是，同樣在正義論述的陣營裡，內在的爭論就已經十分複雜，例如諾吉克怎麼可能接受羅爾斯的正義構圖），但是我們所要強調的是，僅僅只注重個體性的外在活動疆界的劃定是不足夠的（但不足夠並不等於無足輕重），除此之外，我們還必須將焦點轉向個體性的內在質素，轉向個體性的道德品質的提昇（註5）。除非我們意識到此一轉向的必要性，否則，當前人類情境裡的個體性未受到合理節制所產生的難題，恐怕就很難被有效因應，而政治理論也將繼續陷落在對優先於善和權利優先論的泥沼之中。為對優先於善或權利優先論或國家的中立性這一類論題來辯護，比較容易享有理直氣壯的滿足感（這當然和時代氣圍有關），也比較容易博得個人的捍衛者的美名，但享有了美名和滿足感之後呢？人類政治生活所面臨的當前難題就會迎刃而解了嗎？

　　我們並沒有虛幻地認為蘇格拉底式預設就是一把解開所有的政治難題的萬能鑰匙，也沒有浮誇地主張除了政治社會成員的道德品質之外，其他的課題都僅僅只是次要的課題。倘若我們果真如此，我們就太低估了政治生活的複雜性和政治理論在各個不同面向的考察的努力所代表的價值了。無論如何，本書之倡言蘇格拉底式預設的當代意義，以及由此而發的相關推論及建議，乃是立足在人類現有的民主規模與權利水平而立論的。本書試圖要來

提醒當我們意欲向前摸索探進時，不管是公民身分的轉化、公民
投票的採行、民主程序的擴大適用、政治的基本任務的確認、權
利與善的調解，所不能忽視的實質問題。政治理論的展開始終是
來自於實質問題的刺激，而且政治理論在最終也是要來為實質問
題的考察與調解而服務的，這是從柏拉圖以降的政治理論的一以
貫之的特徵，顯然，我們這個時代的政治理論也不能例外。

　　即使古雅典的佩里克里斯在陳言民主的崇偉時，都不免沾染
著誇耀的成分，時至今日，自由主義民主的某些辯護者依舊繼承
了這種誇耀的格調，甚至尤有過之。民主的基本理想是試圖尊重
每一位公民對公共事務的平等發言權，並以此做為處理公共事務
的準則。這項理想當然彌足珍貴，但現今的代議民主體制與此一
理想之間的差距無疑是十分明顯的。而即使我們姑且假設此一理
想已然被徹底實現，民主仍然在諸多環節存在著令人憂慮之處，
例如各種形式的多數專制、質量標準之屈服於數量標準、集體平
庸化的傾向等等，即是其中之犖犖大者，更遑論在實踐操作上就
有諸多要素在阻撓上述基本理想的被實現。我們不想蓄意去貶低
民主的可貴，但同樣地我們也無法贊同對於民主的過當地誇耀。
一種常被傳頌的見解認為，面臨著民主所產生的問題，只能以更
多的民主來因應。我們認為，這樣的講法忽略了一項重要的但書，
那就是“在公民的道德品質獲得普遍提昇的前提下”。缺少了這
項但書，則該項常被傳頌的見解就相當危險了。因此，當人們牢
記著佩里克里斯對民主的誇耀的同時，也不應忘卻柏拉圖的警告

和蘇格拉底的啓示。

　　在我們這個民主愈來愈被視爲是無限上綱的時代，就更需要將疑問號放置得足夠深入，而在我們嘗試這麼做的過程中，我們發現一個政治社會的成員們的道德自許，以及有助於激勵成員們的道德自許的社會機制，乃是十分重要的。盧梭曾剴切地指出：「必須通過個人去研究社會，以及通過社會去研究個人；那些企圖把政治和道德分開來研究的人，結果是兩樣東西都弄不懂」（註6）而這正是本書所奉守的信念。更進一步來說，只有當人們努力去扮演道德動物的角色，才可能更好地做爲政治動物、經濟動物和文化動物。如果質疑者指責我們企圖去改造人，我們的回答是我們不是要去改造人，而是要去提醒切莫荒廢了人類的自我完善化的潛能，以及這項潛能對政治理論的啓發性。如果我們想比現今的主流自由主義更向前跨出一步，那麼，這一步或許就應該包含著對於人們的道德品質的關注。

註　釋

註　1 ：Wittgenstein, *Culture and Value*, p.62.

註　2 ：Eric Hobsbawm, *Age of Extremes: The Short Twentieth Century, 1914-1991*, London: Abacus, 1994, p.15.

註　3 ：有的論者努力要去論證說：權利之所以能夠被合理化、之所以被高度看重的主要理由，與其說是因為權利促進了個人（權利擁有者）的福祉，還不如說是因為權利有助於公善的達成，見 Joseph Raz, "Rights and Individual Well-Being" in his *Ethics in the Public Domain*, Oxford: Clarendon Press, 1994, esp. pp.52-55. 這樣的論點雖有一定程度的參考價值，但我們以為，無論如何，權利的論證在最終還是無法徹底和個人脫離關聯，而且這項關聯應該是最具關鍵性的。那也就是說，在國家的範圍之內，權利語言的直接目標乃是個人的正當的需求或宣稱，而其他的效果可謂都是間接性的、衍生性的。

註　4 ：另參考本書第三章註 45 。

註　5 ：某些論者也對政治哲學裡的正義論述（特別是分配正義）的過度膨脹感到憂心，例如 John Dunn, *Rethinking Modern Political Theory*, Cambridge: Cambridge University Press, 1985, pp.186-187.

註　6 ：Rousseau, *Emile*, bk.IV, p.236.

外國人名漢譯表	
Bruce Ackerman	艾克曼
Woody Allen	伍迪·艾倫
Julia Annas	安娜絲
Elizabeth Anscombe	安絲孔柏
Hannah Arendt	阿蓮特
Aristotle	亞里斯多德
St. Augustine	奧古斯丁
Benjamin Barber	巴薄
Brian Barry	貝里
Cesare Beccaria	貝卡里亞
Ronald Beiner	拜納
Jeremy Bentham	邊沁
Isaiah Berlin	柏林
Norberto Bobbio	波比歐
Giovanni Botero	波特羅
Willy Brandt	布朗德
Anton Bruckner	布魯克納
Edmund Burke	柏克
Marcello Caetano	卡約塔諾
Elias Canetti	卡內提
Marcus Tullius Cicero	西塞羅
Charles I	查理一世
Cleisthenes	克列斯謝內斯
Critias	克里提亞斯
Robert Dahl	道爾
James Dean	狄恩

Democritus	德謨克里圖
Patrick Devlin	戴弗林
John Dewey	杜威
Anthony Downs	當斯
Ronald Dworkin	多爾金
Cynthia Farrar	法拉
Richard Flathman	弗列斯曼
E. M. Forster	福斯特
Francis Fukuyama	福山
Gaius	該尤士
William Galston	蓋爾史東
Robert George	喬治
Alan Gewirth	葛渥斯
Glaucon	葛勞孔
John Gray	葛雷
Francesco Guicciardini	古伊西亞迪尼
H. L. A. Hart	哈特
Friedrich Hayek	海耶克
G. W. F. Hegel	黑格爾
Agnes Heller	黑勒
Albert Hirschman	赫希曼
Adolf Hitler	希特勒
Thomas Hobbes	霍布斯
L. T. Hobhouse	霍布豪斯
Eric Hobsbawm	霍布斯邦
J. A. Hobson	霍布森
James I	詹姆士一世
Thomas Kuhn	孔恩

Charles Larmore	拉摩爾
Arend Lijphart	李吉法特
John Locke	洛克
Niccolo Machiavelli	馬基維利
Alasdair MacIntyre	麥金泰爾
C. B. Macpherson	馬克弗森
James Madison	麥迪遜
Gustav Mahler	馬勒
Bernard Manin	梅寧
Ferdinand Marcos	馬丁仕
T. H. Marshall	馬歇爾
Karl Marx	馬克思
James Mill	詹姆士・彌爾
John Stuart Mill	約翰・彌爾
Kenneth Minogue	密諾格
Robert Michels	米歇爾斯
Claude Monet	莫內
Charles-Louis Montesquieu	孟德斯鳩
Chantal Mouffe	茉菲
Friedrich Nietzsche	尼采
Robert Nozick	諾吉克
Michael Oakeshott	區克夏
Jose Ortega y Gasset	奧蒂加
Thomas Paine	佩恩
Pericles	佩里克里斯
Plato	柏拉圖
J. G. A. Pocock	波寇克
Polybius	波利比亞斯

Karl Popper	巴柏
John Rawls	羅爾斯
Peter Riesenberg	李森柏格
Jean-Jacques Rousseau	盧梭
Bertrand Russell	羅素
Stephen Salkever	索爾克弗
Michael Sandel	仙多爾
Amartya Sen	賢恩
Joseph Schumpeter	熊彼得
Quentin Skinner	史基納
Socrates	蘇格拉底
Tom Sorell	沙勒爾
Charles Taylor	泰勒
Dennis Thompson	湯普森
Alexis de Tocqueville	托克維爾
Leo Tolstoy	托爾斯泰
Jeremy Waldron	瓦爾德隆
Max Weber	韋伯
Oscar Wilde	王爾德
Ludwig Wittgenstein	維根斯坦
John Wolfenden	沃爾凡頓
Sheldon Wolin	沃林
Ellen Meiksins Wood	伍德
Xenophon	克舍那風

參考書目

(一)中文部分：

江金太

1987　《歷史與政治》（增訂版），台北：桂冠圖書公司。

林火旺

1995　＜羅爾斯的政治自由主義與道德生活＞，收於錢永祥、戴華（編），《哲學與公共規範》，台北：中央研究院中山社科所，第 51 至 76 頁。

洪鎌德

1996　＜跨世紀政治哲學的論題＞，《哲學雜誌》，第 18 期，第 4 至 29 頁。

賀　麟

1988　《文化與人生》（新版），北京：商務印書館。

陳思賢

1994　《從王治到共和》，台北：作者自印。

1995　＜區克夏論政治社群＞，台灣大學政治系《政治科學論叢》，第 6 期，第 171 至 194 頁。

莊文瑞

1997　＜校園的知識／權力分析＞，東吳大學哲學系《東吳哲學學報》，第 2 期，第 197 至 206 頁。

許國賢

1993　　《馬克弗森：民主的政治哲學》，台北：東大圖書公司。

1995　　＜民主與個人自主性＞，收於張福建、蘇文流（編），《民
　　　　主理論：古典與現代》，台北：中央研究院中山社科所，
　　　　第 277 至 299 頁。

1995　　＜福利權與使用他人的政治＞，中央研究院中山社科所《人
　　　　文及社會科學集刊》，第 7 卷第 1 期，第 223 至 245 頁。

1995　　＜自利性的政治考察＞，中興大學公行系《行政學報》，
　　　　第 26 期，第 49 至 76 頁。

1996　　＜財產必須被繼承嗎？＞，中興大學公行系《行政學報》，
　　　　第 27 期，第 1 至 36 頁。

張福建

1995　　＜社群、功效與民主：約翰‧彌勒政治思想的另一個側面
　　　　＞，收於陳秀容、江宜樺（編），《政治社群》，台北：
　　　　中央研究院中山社科所，第 103 至 123 頁。

1997　　＜自由主義與合理的政治秩序＞，台灣大學政治系《政治
　　　　科學論叢》，第 8 期，第 111 至 132 頁。

蔡墩銘（譯）

1993　　《德日刑法典》，台北：五南圖書公司。

(二)西文部分：

Ackerman, Bruce

1980　*Social Justice in the Liberal State*. New Haven: Yale University Press,

1990　"Neutralities" in R. Bruce Douglas et. al. eds., *Liberalism and the Good*, London: Roultedge, pp.29-43.

Annas, Julia

1981　*An Introduction to Plato's Republic*. Oxford: Clarendon Press.

Arendt, Hannah

1968　*Between Past and Present*. New York:Penguin.

Aristotle

1925　*The Nicomachean Ethics*, trans. by David Ross, Oxford: Oxford University Press.

1981　*The Politics*, rev. edn., trans. by T.A.Sinclair, Harmondsworth: Penguin.

1995　*The Politics*, trans. by Ernest Barker, Oxford: Oxford University Press.

St. Augustine

1984　*The City of God*, trans. by Henry Bettenson, Harmondsworth: Penguin.

Ayer, Alfred J.

1988　*Thomas Paine*. London: Faber and Faber.

Barber, Benjamin

1984　*Strong Democracy.* Berkeley: University of California Press.

1988　*The Conquest of Politics.* Princeton: Princeton University Press.

Barnes, Jonathan (ed.)

1987　*Early Greek Philosophy.* Harmondsworth: Penguin.

Barry, Brian

1990　"How Not to Defend Liberal Institutions" in R.Bruce Douglas et. al. eds., *Liberalism and the Good*, pp.44-58.

1991　*Democracy and Power.* Oxford: Clarendon Press.

Barry, Norman

1989　*An Introduction to Modern Political Theory.* 2nd edn., London: Macmillan.

Beccaria, Cesare

1995　*On Crimes and Punishments and Other Writings*, trans. by Richard Bellamy et. al., Cambridge: Cambridge University Press.

Beiner, Ronald

1992　*What's the Matter with Liberalism?* Berkeley : University of California Press.

1995 (ed.) *Theorizing Citizenship.* Albany: State University of New York Press.

Bentham, Jeremy

1987 "Anarchical Fallacies" in Jeremy Waldron ed., *Nonsense upon Stilts.* London: Methuen, pp.46-76.

Berlin, Isaiah

1990 *The Crooked Timber of Humanity.* New York: Vintage Books.

Bobbio, Norberto

1987 *The Future of Democracy.* Cambridge: Polity Press.

1993 *Thomas Hobbes and the Natural Law Tradition.* Chicago: The University of Chicago Press.

Brickhouse, Thomas & Nicholas Smith

1994 *Plato's Socrates.* New York: Oxford University Press.

Burke, Edmund

1993 *Pre-Revolutionary Writings*, ed. by Ian Harris, Cambridge: Carmbridge University Press.

Burnheim John

1985 *Is Democracy Possible?* Cambridge: Polity Press.

Canetti, Elias

1973 *Crowds and Power*, trans. by Carol Stewart, New York: Noonday Press.

Caney, Simon

1995 "Anti-perfectionism and Rawlsian Liberalism", *Political Studies* (43):248-264.

Childs, David

　　1992　*Britain since 1945: A Political History.* 3rd edn., London: Routledge.

Cicero, Marcus Tullius

　　1913　*De Officiis,* trans. by Walter Miller, Cambridge, Mass.: Harvard University Press.

Crisp, Roger & Michael Slote

　　1997　Editors' "Introduction" to *Virtue Ethics,* Oxford: Oxford University Press.

Curd, Patricia (ed.)

　　1996　*A Presocratics Reader.* Indianapolis: Hackett.

Dahl, Robert

　　1985　*A Preface to Economic Democracy.* Berkeley: University of California Press.

　　1989　*Democracy and Its Critics.* New Haven: Yale University Press.

Dahrendorf, Ralf

　　1968　*Essays in the Theory of Society.* Stanford: Stanford University Press.

Devlin, Patrick

　　1977　"Morals and the Criminal Law" in R.M.Dworkin ed., *The Philosophy of Law,* Oxford: Oxford University Press, pp.66-82.

Dewey, John

1944   *Democracy and Education*. New York: Free Press.

1993   *Political Writings*, ed. by Debra Morris and Ian Shapiro, Indianapolis: Hackett.

Donner, Wendy

1991   *The Liberal Self: John Stuart Mill's Moral and Political Philosophy*. Ithaca: Cornell University Press.

Downs, Anthony

1957   *An Economic Theory of Democracy*. New York: Harper Collins.

Dunn, Charles & Martin Slann

1994   *American Government*. New York: Harper Collins.

Dunn, John

1985   *Rethinking Modern Political Theory*. Cambridge: Cambridge University Press.

Dworkin, Ronald

1978   "Liberalism" in Stuart Hampshire ed., *Public and Private Morality*, Cambridge: Cambridge University Press.

Farrar, Cynthia

1992   "Ancient Greek Political Theory as a Response to Democracy" in John Dunn ed., *Democracry: The Unfinished Journey*, Oxford: Oxford University Press, pp.17-39.

Fishkin, James

    1991   *Democracy and Deliberation.* New Haven: Yale University Press.

    1992   *The Dialogue of Justice.* New Haven: Yale University Press.

Flathman, Richard

    1995   "Citizenship and Authority: A Chastened View of Citizenship" in Ronald Beiner ed., *Theorizing Citizenship*, pp.105-151.

Foster, E.M.

    1979   *Two Cheers for Democracy.* San Diego: Harcourt Brace & Co.

Galston, William

    1980   *Justice and the Human Good.* Chicago: The University of Chicago Press.

George, Robert

    1993   *Marking Men Moral.* Oxford: Clarendon Press.

Gewirth, Alan

    1982   *Human Rights.* Chicago: The University of Chicato Press.

Gould , Carol

    1988   *Rethinking Democracy.* Cambridge: Cambridge University Press.

Gray, John

1997   *Endgames: Questions in Late Modern Political Thought.*
        Cambridge: Polity Press.

Guicciardini, Francesco

1994   *Dialogue on the Government of Florence*, ed. and trans. by
        Alison Brown, Cambridge: Cambridge University Press.

Guthrie, W.K.C.

1971   *Socrates*. Cambridge: Cambridge University Press.

Gutmann, Amy

1992   "Communitarian Critics of Liberalism" in S.Avineri and A.
        de-Shalit eds., *Communitarianism and Individualism*,
        Oxford: Oxford University Press, pp.120-136.

Hall, Kermit (ed.)

1992   *The Oxford Companion to the Supreme Court of the United
        States*. New York: Oxford University Press.

Hart, H.L.A.

1963   *Law, Liberty, and Morality* . Oxford: Oxford Unviersity
        Press.

Hayek, Friedrich A.

1976   *Law, Legislation and Liberty, Vol.2: The Mirage of Social
        Justice*. Chicago: The University of Chicago Press.

1988   *The Fatal Conceit*. London: Routledge.

Hegel, G.W.F.

1991 *Elements of the Philosophy of Right*, trans. by H.B.Nisbet, Cambridge: Cambridge University Press.

Heller, Agnes

1987 *Beyond Justice*. Oxford: Blackwell.

Hirschman, Albert

1977 *The Passions and the Interests*. Princeton: Princeton University Press.

Hobbes, Thomas

1983 *De Cive* (The English Version), ed. by Howard Warrender, Oxford: Clarendon Press.

1991 *Leviathan*, ed. by richard Tuck, Cambridge: Cambridge Uni-versity Press.

1994 *Human Nature and De Corpore Politico*, ed. by J.Gaskin, Oxford: Oxford University Press.

Hobsbawm, Eric

1994 *Age of Extremes: The Short Twentieth Century*, 1914-1991. London: Abacus.

Honderich, Ted (ed.)

1995 *The Oxford Companion to Philosophy*. Oxford: Oxford University Press.

Huntington, Samuel

1991 *The Third Wave: Democratization in the Late Twentieth Century*. Norman: University of Oklahoma Press.

James VI and I

    1994 *Political Writings*, ed. by Johann Sommerville, Cambridge: Cambridge Univ. Press.

Kant, Immanuel

    1960 *Education*. Ann Arbor; University of Michigan Press.

Klosko, George

    1986 *The Development of Plato's Political Theory* . New York: Methuen.

    1995 *History of Political Theory, Vol.2*. Fort Worth: Harcourt Brace College Publishers.

Kukathas, Chandran and Philip Pettit

    1990 *Rawls: A Theory of Justice and Its Critics*. Cambridge: Polity Press.

Kymlicka, Will and Wayne Norman

    1995 "Return of the Citizen: A Survey of Recent Work on Citizenship Theory" in Ronald Beiner ed., *Theorizing Citizenship*, pp.283-322.

Larmore, Charles

    1996 *The Morals of Modernity*. Cambridge: Cambridge Univeirsity Press.

Lijphart, Arend

    1984 *Democracies*. New Haven: Yale University Press.

Lively, Jack

1975　*Democracy.* Oxford: Blackwell.

Locke, John

1983　*A Letter Concerning Toleration*, ed. by James Tully, Indianapolis: Hackett.

1988　*Two Treatises of Government*, ed. by Peter Laslett, Cambridge: Cambridge University Press.

Luce, T.J.

1997　*The Greek Historians.* London: Routledge.

Machiavelli, Niccolo

1981　*The Prince*, trans. by George Bull, Cambridge: Cambridge Univ. Press.

MacIntyre, Alasdair

1984　*After Virtue.* 2nd edn., Notre Dame: University of Notre Dame Press.

Macpherson, C.B.

1962　*The Political Theory of Possessive Individualism.* Oxford: Oxford Univ. Press.

1977　*The Life and Times of Liberal Democracy.* Oxford: Oxford Univ. Press.

1985　*The Rise and Fall of Economic Justice.* Oxford: Oxford Univ. Press.

Maistre, Joseph de

  1994   *Considerations on France*, trans. by Richard Leburn, Cambridge: Cambridge University Press.

Manin, Bernard

  1997   *The Principles of Representative Government*. Cambridge: Cambridge Univ. Press.

Marshall, T.H.

  1992   "Citizenship and Social Class" in T.H.Marshall and T.B. Bottomore, *Citizenship and Social Class*, London: Pluto Press.

Marx, Karl

  1975   *Early Writings*, trans. by R.Livingstone and G.Benton, Harmondsworth: Penguin.

Michels, Robert

  1962   *Political Parties*, trans. by Eden and Cedar Paul, New York: Free Press.

Mill, James

  1992   *Political Writings*, ed. by Terence Ball, Cambridge: Cambridge Univ. Press.

Mill, John Stuart

  1974   *On Liberty*. Harmondsworth: Penguin.

  1975   *Considerations on Representative Government* in Mill, *Three Essays*, with an introduction by R.Wollheim, Oxford:

Oxford Univ. Press.

1987　*Principles of Political Economy*. Fairfield, New Jersey: Augustus M. Kelley.

Miller, David

1993　"Deliberative Democracy and Social Choice" in David Held ed., *Prospects for Democracy*, Cambridge: Polity Press, pp.74-92.

Minogue, Kenneth

1995　*Politics: A Very Short Introduction*. Oxford: Oxford Univ. Press.

Montesquieu, Charles-Louis de Secondat

1989　*The Spirit of Laws*, trans. and ed. by Anne Cohler et. al., Cambridge: Cambridge University Press.

Mouffe, Chantal

1993　*The Return of the Political*. London: Verso.

Nietzsche, Friedrich

1967　*On the Genealogy of Morals; Ecce Homo*, trans. and ed. by Walter Kaufmann, New York: Vintage.

Nozick, Robert

1974　*Anarchy, State, and Utopia*. New York: Basic Books.

1981　*Philosophical Explanations*. Cambridge, Mass.: Harvard Univ. Press.

Oakeshott, Michael

    1991   *Rationalism in Politics and Other Essays*. new edn., Indianapolis: Liberty Press.

    1993   *Morality and Politics in Modern Europe*. New Haven: Yale University Press.

Ober, Josiah

    1989   *Mass and Elite in Democratic Athens*, Princeton: Princetion Univ. Press.

Ortega y Gasset, Jose

    1932   *The Revolt of the Masses*. New York: W.W.Norton.

Paine,Thomas

    1984   *Rights of Man*. Harmondsworth: Penguin.

Pateman, Carole

    1970   *Participation and Democratic Theory*. Cambridge: Cambridge Univ. Press.

Plato

    1961   *The Collected Dialogues of Plato*, ed. by E.Hamilton and H.Cairns, Princeton: Princeton University Press.

    1979   *Gorgias*, trans. and with notes by Terence Irwin, Oxford: Oxford Univ.Press.

    1987   *The Republic*, trans. by Desmond Lee, 2nd edn., Harmondsworth: Penguin.

Pocock, J.G.A.

    1995   "The Ideal of Citizenship since Classical Times" in Ronald Beiner ed., *Theorizing Citizenship*, pp.29-52.

Polybius

    1979   *The Rise of the Roman Empire*, trans. by Ian Scott-Kilvert, Harmondsworth: Penguin.

Popper, Karl

    1966   *The Open Society and Its Enemies, Vol.I*. London: Routledge.

    1986   *Unended Quest*. Glasgow: Fontana.

    1988   "The Open Society and Its Enemies Revisited", *The Economist*, April 23, pp.23-26.

    1992   *In Search of a Better World*. London: Routledge.

    1997   *The Lesson of This Century*. London: Routledge.

Rawls, John

    1971   *A Theory of Justice*. Cambridge, Mass.: Harvard Univ. Press.

    1993   *Political Liberalism*. New York: Columbia University Press.

Raz, Joseph

    1986   *The Morality of Freedom*. Oxford: Clarendon Press.

    1994   *Ethics in the Public Domain*. Oxford: Clarendon Press.

Richardson, Henry

    1990   "The Problem of Liberalism and the Good" in R.Bruce Douglas et. al. eds., *Liberalism and the Good*, pp.1-28.

Riesenberg, Peter

1992 *Citizenship in the Western Tradition*. Chapel Hill: Univ. of North Carolina Press.

Rousseau, Jean-Jacques

1968 *The Social Contract*, trans. by Maurice Cranston, Harmondsworth: Penguin.

1979 *Reveries of the Solitary Walker*, trans. by Peter France, Harmondsworth: Penguin.

1993 *Emile*, trans. by Barbara Foxley, London: Everyman.

Salkever, Stephen

1974 "Virtue, Obligation and Politics", *American Political Science Revies* (68):78-92.

1990 "'Lopp'd and Bound': How Liberal Theory Obscures the Goods of Liberal Practices" in R.Bruce Douglas et. al. eds., *Liberalism and Good*, pp.167-202.

Salmon, J.H.M.

1991 "Catholic Resistance Theory, Ultramontanism, and the Royalist Response, 1580-1620" in J.H.Burns ed., *The Cambridge History of Political Thought, 1450-1700*, Cambridge: Cambridge Univ. Press, pp.219-253.

Sandel, Michael

1996 *Democracy's Discontent*. Cambridge, Mass.: Harvard Univ. Press.

Schuetz, C.F.

1987 "Swiss Confederation" in George Delury ed., *World Encyclopedia of Political Systems and Parties*, 2nd edn., New York: Facts on File Pub., pp.1044-1046.

Schumpeter, Joseph

1976 *Capitalism, Socialism and Democracy*. New York: Harper Torchbooks.

Sen, Amartya

1992 *Inequality Reexamined*. Oxford: Clarendon Press.

Sher, George

1992 "Knowing about Virtue" in J.Chapman and W.Galston eds., *Virtue*, New York: New York Univ. Press, pp.91-116.

Skinner, Quentin

1978 *The Foundations of Modern Political Thought, Vol.I*. Cambridge: Cambridge Univ. Press.

1981 *Machiavelli*. Oxford: Oxford Univ. Press.

1991 "The Paradoxes of Political Liberty" in David Miller ed., *Liberty*, Oxford: Oxford Univ. Press, pp.183-205.

Smith, Adam

1991 *The Wealth of Nations*, with an introduction by D.D.Raphael, London: Everyman.

Sorell, Tom

1986 *Hobbes*. London: Routledge.

Steiner, Jurg

　1991　*European Democracies*. 2nd edn., London: Longman.

Stockton, David

　1990　*The Classical Athenian Democracy*. Oxford: Oxford University Press.

Taylor, Charles

　1985　"Atomism" in his *Philosophy and the Human Sociences*, Cambridge: Cambridge Univ. Press, pp.187-210.

　1989　*Sources of the Self*. Cambridge, Mass.: Harvard Univ. Press.

　1994　*The Ethics of Authenticity*. Cambridge, Mass.: Harvard Univ. Press.

Thompson, Dennis

　1976　*John Stuart Mill and Representative Government*. Princeton: Princeton Univ. Press.

Viroli, Maurizio

　1992　"The Revolution in the Concept of Politics", *Political Theory* (20):473-495.

Vlastos, Gregory

　1994　*Socratic Studies*. Cambridge: Cambridge University Press.

Waldron, Jeremy

　1993　*Liberal Rights*. Cambridge: Cambridge University Press.

Weber, Max

　1930　*The Protestant Ethic and the Spirit of Capitalism*, trans. by

Talcott Parsons, London: Routledge.

Wittgenstein, Ludwig

　　1980　*Culture and Value*, trans. by Peter Winch, Chicago: The Univ. of Chicago Press.

Wolin, Sheldon

　　1996　"The Liberal/Democratic Divide: On Rawls's *Political Liberalism*", *Political Theory* (24):97-142.

Wood, Ellen Meikdins

　　1995　*Democracy against Capitalism*. Cambridge: Cambridge University Press.

Wood, Neal

　　1988　*Cicero's Social and Political Thought*. Berkeley: University of California Press.

Woodcock, George (ed.)

　　1977　*The Anarchist Reader*. Glasgow: Fontana.

倫理政治論
——一個民主時代的反思　　　　揚智叢刊 **29**

著　　　者／許國賢
出　　　版／揚智文化事業股份有限公司
發 行 人／林智堅
副總編輯／葉忠賢
責任編輯／賴筱彌
登 記 證／局版臺業字第 6499 號
地　　　址／台北市新生南路 3 段 88 號 5 樓之 6
電　　　話／(02)366-0309　　366-0313
傳　　　真／(02)366-0310
印　　　刷／偉勵彩色印刷股份有限公司
法律顧問／北辰著作權事務所　蕭雄淋律師
初版一刷／1997 年 10 月
定　　　價／新臺幣：200 元

南區總經銷／昱泓圖書有限公司
地　　　址／嘉義市通化四街 45 號
電　　　話／(05)231-1949　231-1572
傳　　　真／(05)231-1002

國家圖書館出版品預行編目資料

倫理政治論 ： 一個民主時代的反思 ＝ A treatise on ethical politics ／ 許國賢著. -- 初版 .—臺北市 ： 揚智文化, 1997[民 86]
面 ； 公分. – (揚智叢刊 ; 29)
參考書目 ： 面
ISBN 957-8446-35-7(平裝)

1.政治 － 哲學,原理
2.政治倫理

570.1   86009976